1 植物や動物のようす

要点まるごとチェックカード　理科

●季節《きせつ》による生き物のようすと気温

芽《め》が出て成長《せいちょう》し，冬に
ます。かれたあとには
りこります。
こは葉が落ちますが，え
（　③　）ができていま
りは春にたまごからかえ
，秋にたまごをうみます。冬は（　④　）でこします。

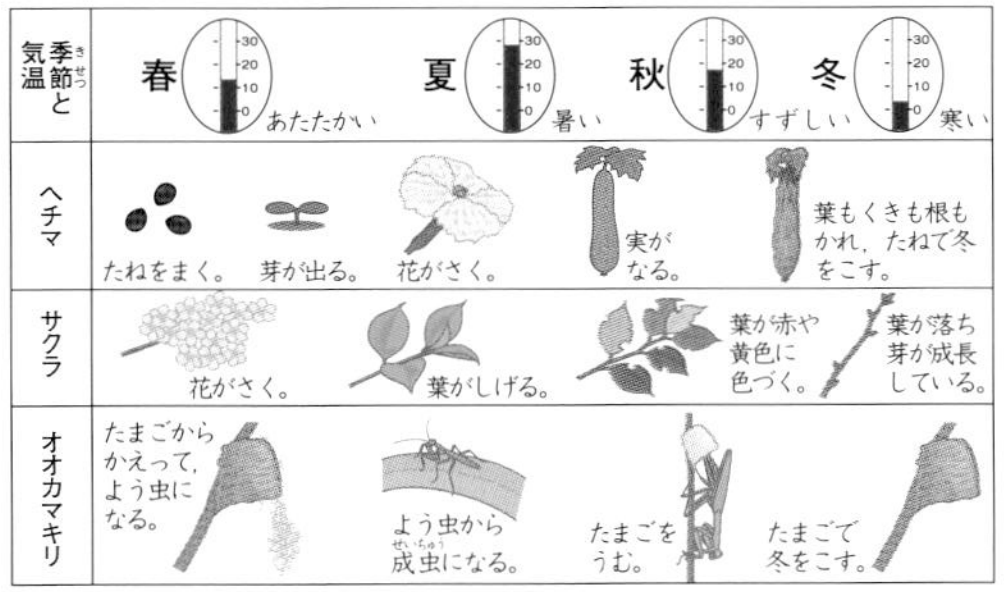

・上の図から，（　⑤　）がかわると生き物のようすが変《か》わることがわかります。

うら面の答え　**1** ①暑いころ　②赤や黄色に色づいています　③ウ

キリトリ

2 体のつくりと運動

要点まるごとチェックカード　理科

●ほねときん肉《にく》

・人の体には，（　①　）と（　②　）があり，体をささえたり，体を動かしたりしています。（　①　）のまわりに，（　②　）がついています。

・ほねとほねのつなぎ目で，体が曲がるところを（　③　）といいます。

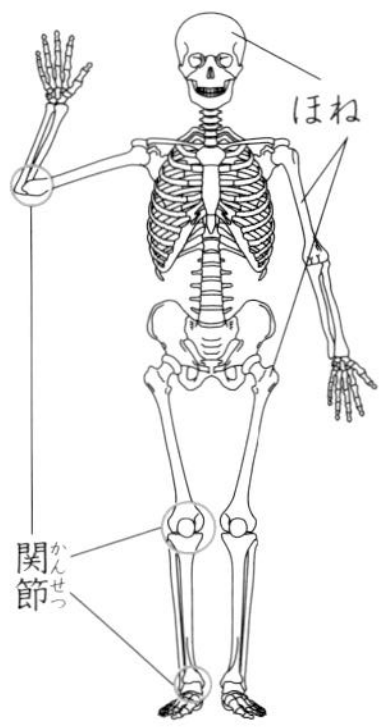

●体を動かすときの，きん肉のようす

・体を動かすときには，きん肉がちぢんだり，（　④　）りします。

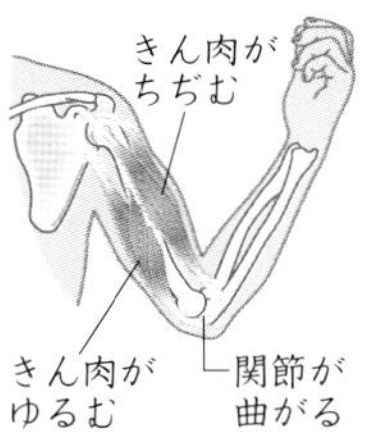

うら面の答え　**1** ①ア：ちぢみます　イ：ゆるみます　②関節《かんせつ》　**2** ウ

キリトリ

3 天気と雨水のゆくえ

要点まるごとチェックカード　理科

●天気と気温

・晴れの日の気温は，朝夕は低《ひく》く，（　①　）に高くなります。

・くもりの日や雨の日の気温は，一日中（　②　）。

●しぜんの中の水

・水はふっとうしなくても，（　⑤　）して，空気中に出ていきます。

空気中の水《すい》じょう気《き》が水にもどるようす

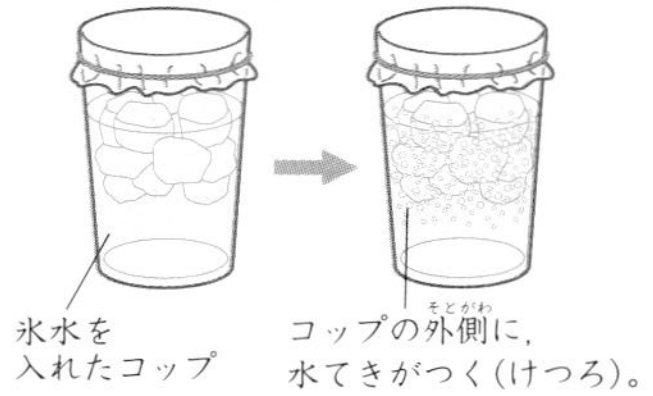

●雨水のゆくえと地面のようす

・雨水は，高いところから（　⑥　）ところへ流れます。

・土のつぶの大きさが（　⑦　）なるほど，水がしみこみやすいです。

うら面の答え　**1** ア　**2** ウ　**3** 低いところ

キリトリ

4 月や星の動き

要点まるごとチェックカード　理科

●星座《せいざ》

・星のまとまりをいろいろな形に見立てて名前をつけたものを（　①　）といいます。

・星にはいろいろな色のものや，明るさのものがあります。（　②　）のちがいは，1等星，2等星……という言い方で表しています。

・星や星座は，時間とともに見える（　③　）が変《か》わりますが，ならび方は変わりません。

●月

・月は太陽のように，東から（　④　）の空を通って西に動きます。

・月の形は，毎日少しずつ変わります。

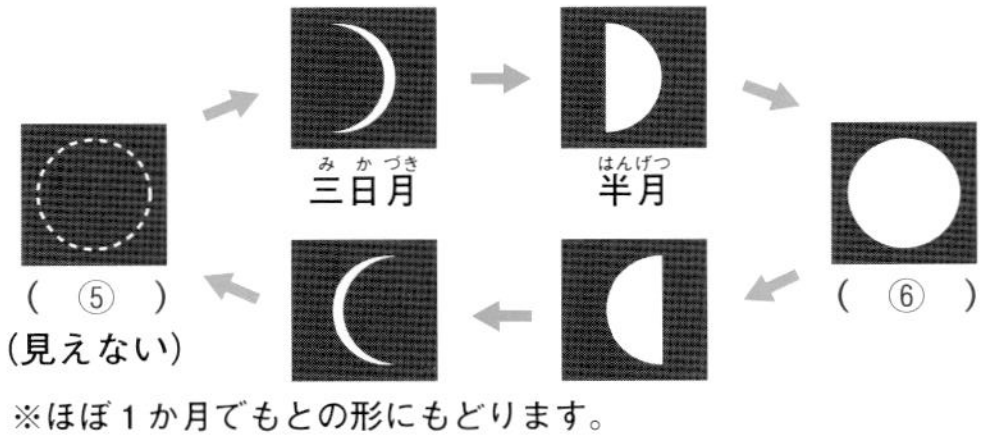

※ほぼ1か月でもとの形にもどります。

うら面の答え　**1** 位置《いち》：変わります　ならび方：変わりません　**2** ①イ　②イ

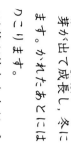

キリトリ

1 植物や動物のようす　　チェックテスト①　理科

1 右の図を見て，次の問題に答えましょう。

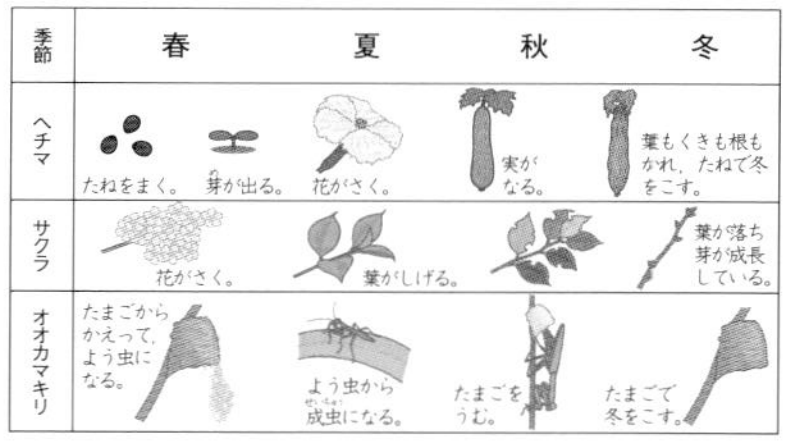

① ヘチマの花がさくのは，「あたたかいころ」「暑いころ」「すずしいころ」「寒いころ」のうち，いつですか。

② 秋には，サクラの葉はどうなっていますか。

③ 季節《きせつ》と生き物について正しいものを，次のア～ウから１つ選《えら》びましょう。

ア 冬になると，すべての生き物は死んでしまう。

イ 一年中，生き物のようすは変《か》わらない。

ウ 季節によって，生き物のようすはちがう。

表面の答え　①かれ　②たね　③芽《め》　④たまご　⑤気温(季節)

キリトリ

2 体のつくりと運動　　チェックテスト②　理科

1 右の図のように，うでを曲げました。次の問題に答えましょう。

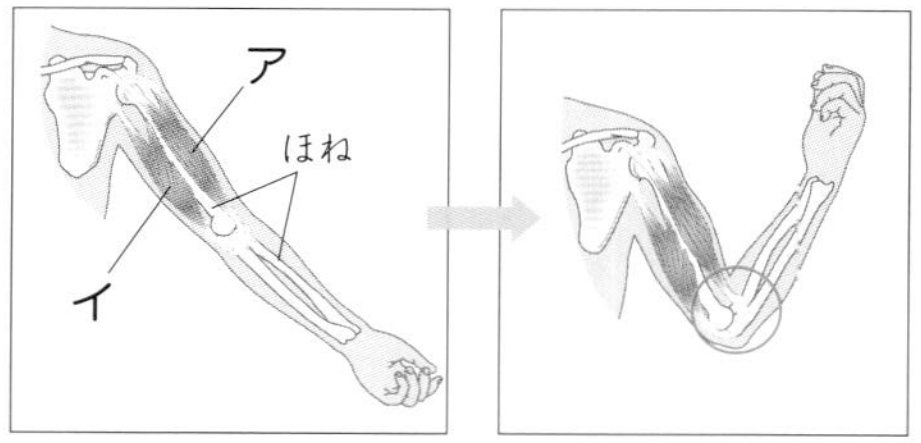

① アとイのきん肉《にく》は，それぞれちぢみますか，ゆるみますか。

② 青い○をつけた部分のように，ほねとほねのつなぎ目で，体が曲がるところを何といいますか。

2 体のしくみについて正しいものを，次のア～ウから１つ選《えら》びましょう。

ア 体は，ほねだけで，ささえたり，動かしたりしている。

イ 体は，きん肉だけで，ささえたり，動かしたりしている。

ウ 体をささえたり，動かしたりするには，ほねときん肉の両方が必要《ひつよう》である。

表面の答え　①ほね　②きん肉　③関節《かんせつ》　④ゆるんだ

キリトリ

3 天気と雨水のゆくえ　　チェックテスト③　理科

1 右のグラフは，晴れ，雨，くもりの日の，それぞれの１日の気温の変《か》わり方を調べたものです。晴れの日の気温の変わり方を表したグラフを，ア～ウから１つ選《えら》びましょう。

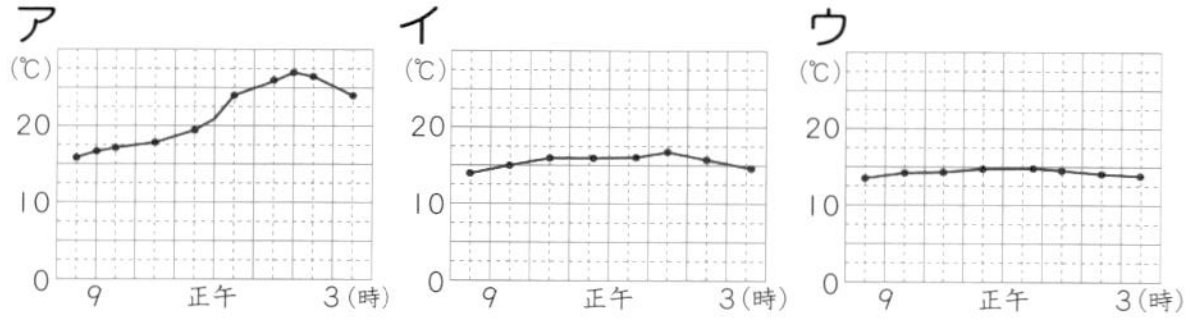

2 氷水を入れたコップを置《お》いておいたところ，コップの外側《そとがわ》に水てきがつきました。この水てきは何がすがたを変えたものですか。次のア～ウから１つ選びましょう。

ア コップの中の水　　イ コップの中の氷　　ウ 空気中の水《すい》じょう気《き》

3 水たまりは，高いところと低《ひく》いところのどちらにできやすいですか。

表面の答え　①昼(正午)すぎ　②ほとんど変わりません　③日光　④1.2～1.5　⑤じょう発《はつ》　⑥低い　⑦大きく

キリトリ

4 月や星の動き　　チェックテスト④　理科

1 星座《せいざ》の見える位置《いち》とならび方は，時間とともに変《か》わりますか，変わりませんか。それぞれ答えましょう。

2 ある日の夕方，右の図のように南の空に月が見えました。次の問題に答えましょう。

① この日，月はどうなりますか。次のア～ウから１つ選《えら》びましょう。

ア 東の空にしずんでいく。　　イ 西の空にしずんでいく。

ウ 夜中まで南の空に見える。

② この日から１週間ほどたつと，月の形はどうなりますか。右の図のア～ウから１つ選びましょう。

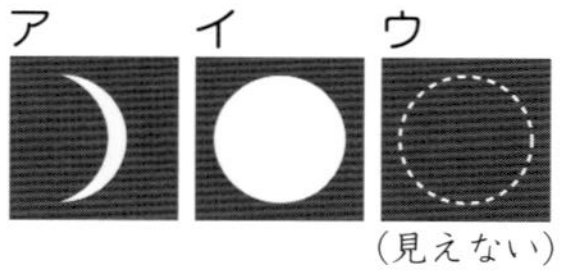

表面の答え　①星座　②明るさ　③位置　④南　⑤新月《しんげつ》　⑥満月《まんげつ》

キリトリ

5 電池のはたらき

要点まるごとチェックカード 理科

●回路と電流

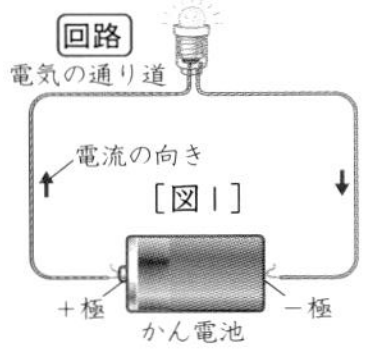

・回路に流れる電気の流れを（ ① ）といいます。電流は，かん電池の（ ② ）極《きょく》から出て，豆電球を通り，かん電池の（ ③ ）極へ流れます。

●かん電池のつなぎ方

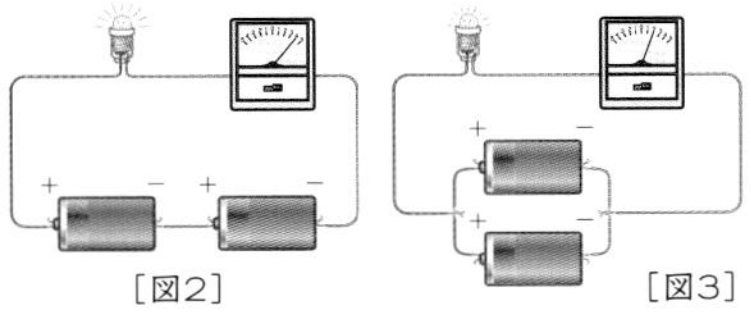

・かん電池の＋《プラス》極と別のかん電池の－《マイナス》極がつながり，回路が1つになるつなぎ方を，（ ④ ）つなぎといいます。かん電池の＋極どうし，－極どうしをつなぎ，回路が中で分かれるつなぎ方を，（ ⑤ ）つなぎといいます。

・図2と図3の豆電球をくらべると，明るいのは図（ ⑥ ）です。

うら面の答え　**1** ①大きい　②変《か》わらない　③明るい　④変わらない
2 反対向きになります

キリトリ

6 空気や水の体積《たいせき》と力

要点まるごとチェックカード 理科

●とじこめた空気

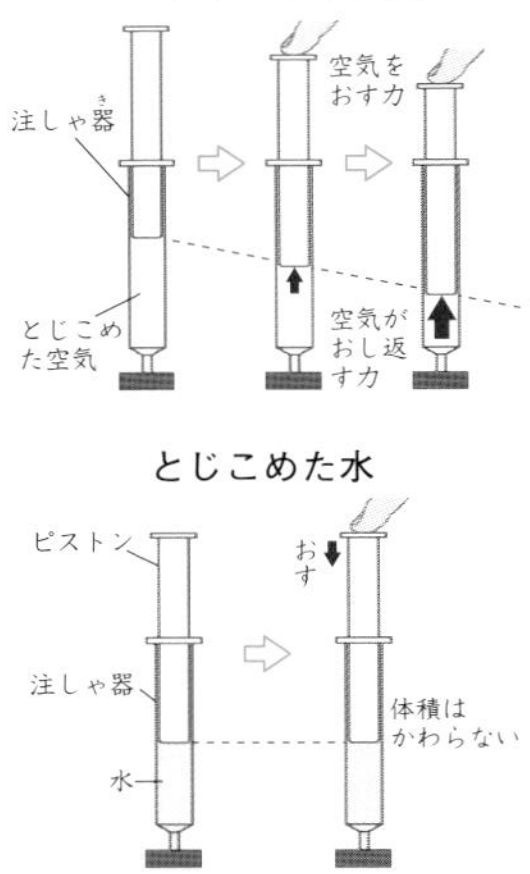

・とじこめた空気に力をくわえると，体積が（ ① ）なります。

・くわえる力を大きくするほど，とじこめた空気の体積は（ ② ）なり，空気がおし返す力は（ ③ ）なります。

・空気でっぽうでは，後玉《あとだま》が（ ④ ）をおしちぢめ，その（ ④ ）が前玉《まえだま》をおしてとばします。

●とじこめた水

・空気とはちがい，水をとじこめて力をくわえても，体積は（ ⑤ ）。

うら面の答え　**1** ①大きくなります　②空気　③ウ

キリトリ

7 ものの温度と体積《たいせき》，あたたまり方

要点まるごとチェックカード 理科

●ものの温度と体積

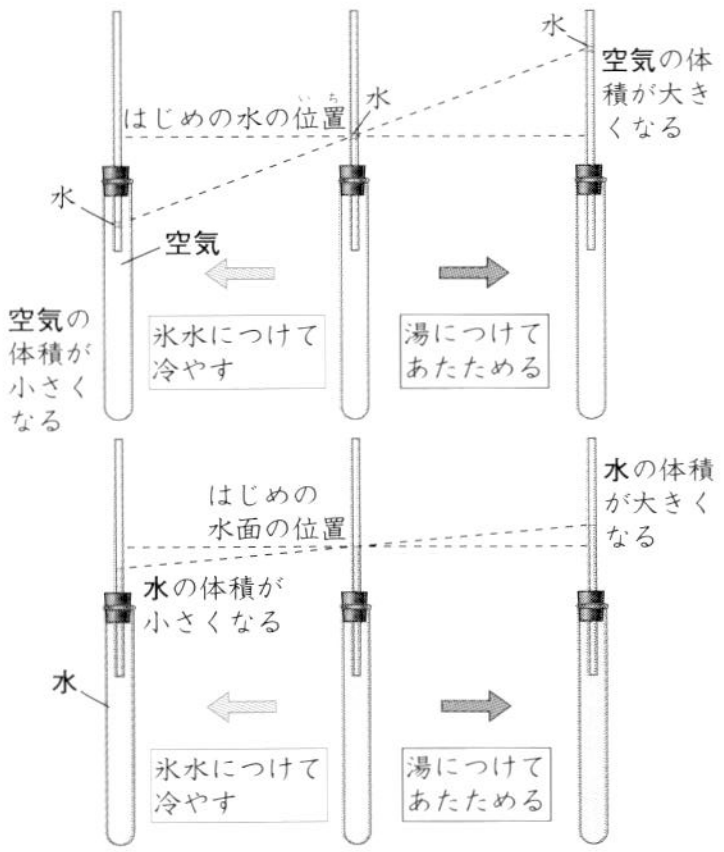

・空気や水，金ぞくは，あたためられると体積が（ ① ）なり，冷《ひ》やされると体積が（ ② ）なります。また，温度による体積のかわり方は，大きい順《じゅん》に（ ③ ），水，（ ④ ）となります。

●もののあたたまり方

・あたためられた空気や水は（ ⑤ ）へ動いて，全体があたたまっていきます。

・金ぞくは，あたためられたところから順に（ ⑥ ）が伝《つた》わって，全体があたたまっていきます。

うら面の答え　**1** イ　**2** ①熱《ねっ》する（あたためる）　②冷やす

キリトリ

8 水のすがたの変化《へんか》

要点まるごとチェックカード 理科

●水のふっとう

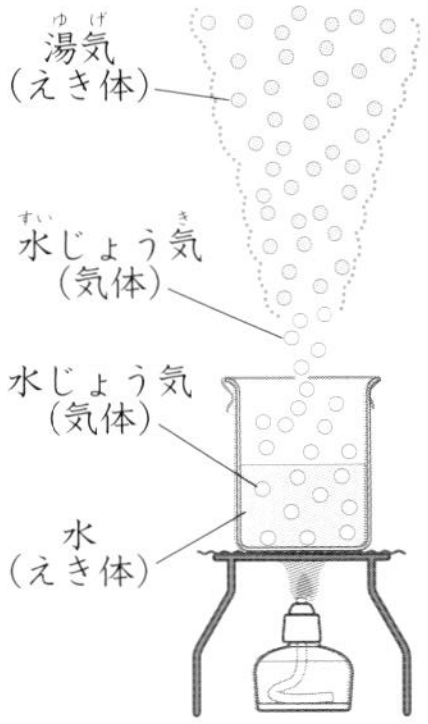

・水が熱《ねっ》せられて水の中からさかんにあわが出ることを（ ① ）といいます。水はおよそ（ ② ）℃になると起こります。

・熱せられて温度が高くなった水は，目に見えない（ ③ ）となって空気中に出ていきます。（ ③ ）が冷《ひ》えると小さい水のつぶになり，目に見えるようになります。これが（ ④ ）です。

●固体《こたい》・えき体・気体

・（ ⑤ ）の水は，0℃でこおって（ ⑥ ）の氷になり，100℃でふっとうして（ ⑦ ）の水じょう気に変《か》わります。

うら面の答え　**1** ①水じょう気　②見えません　③ウ，エ　④0℃　⑤100℃　⑥固体

5 電池のはたらき　チェックテスト⑤

理科

1 右の図のように，かん電池２この直列つなぎとへい列つなぎの回路をつくり，かん電池１この回路とくらべました。次の表にあてはまることばを，右の□から選《えら》びましょう。同じことばを何回使ってもかまいません。

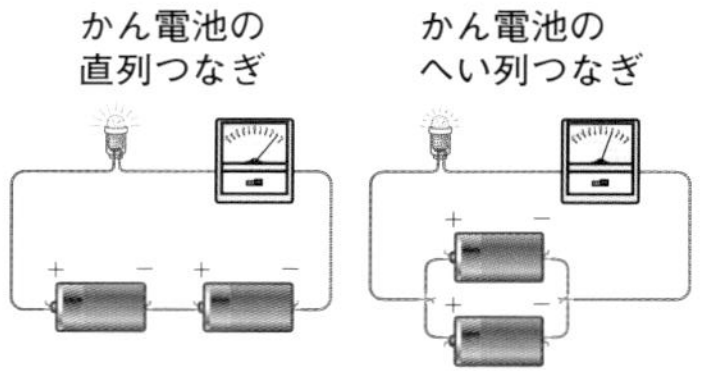

	直列つなぎ	へい列つなぎ
電流の大きさ	①	②
豆電球の明るさ	③	④

大きい　小さい　明るい
暗い　変《か》わらない

2 かん電池の＋極《プラスきょく》と－極《マイナス》を反対にすると，回路につないだモーターの回る向きはどうなりますか。

表面の答え　①電流　②＋　③－　④直列　⑤へい列　⑥2

6 空気や水の体積《たいせき》と力　チェックテスト⑥

理科

1 右の図のような空気でっぽうで，あと玉をおしぼうでおしました。次の問題に答えましょう。

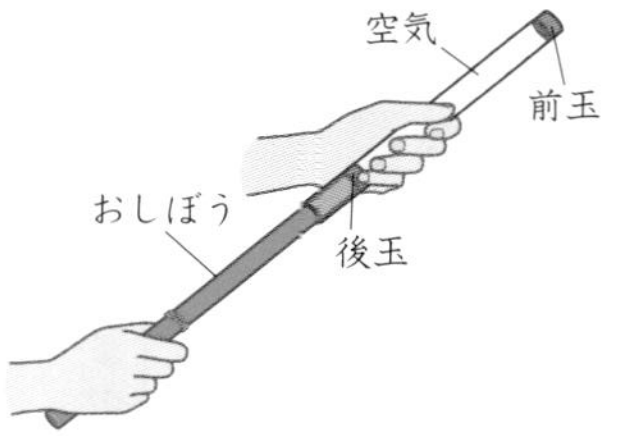

① 後玉《あとだま》をおす力を大きくすると，手ごたえはどうなりますか。

② 前玉《まえだま》は，何におされてとび出しますか。

③ 空気のかわりに水を入れて，後玉をおしたときのようすを，次のア～ウから１つ選《えら》びましょう。

ア　空気のときより，いきおいよくとび出す。

イ　空気のときと同じくらいのいきおいでとび出す。

ウ　いきおいよくとび出さない。

表面の答え　①小さく　②小さく　③大きく　④空気　⑤変《か》わりません

7 ものの温度と体積《たいせき》，あたたまり方　チェックテスト⑦

理科

1 アルコールランプで，試験管《しけんかん》に入れた水をあたためると，水はどのように動きますか。右の図のア～エから１つ選《えら》びましょう。

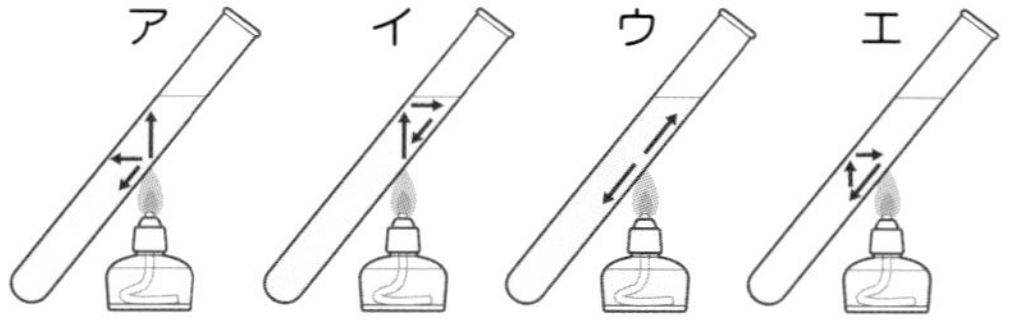

2 次の（　　）にあてはまることばを，それぞれ答えましょう。

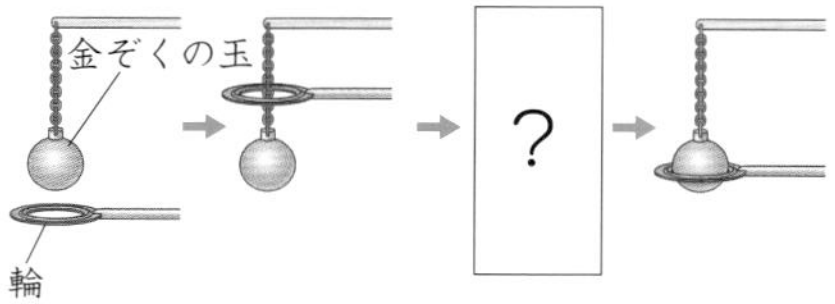

右の図のように輪《わ》を通る金ぞくの玉を使って，温度による金ぞくの体積の変《か》わり方を調べたところ，金ぞくの玉を（　①　）と，輪を通らなくなりました。また，この金ぞくの玉を（　②　）と，ふたたび金ぞくの玉が輪を通るようになりました。

表面の答え　①大きく　②小さく　③空気　④金ぞく　⑤上　⑥熱《ねつ》

8 水のすがたの変化《へんか》　チェックテスト⑧

理科

1 右の図は，水をあたためたり冷《ひ》やしたりしたときの，水のすがたの変《か》わり方を表したものです。次の問題に答えましょう。

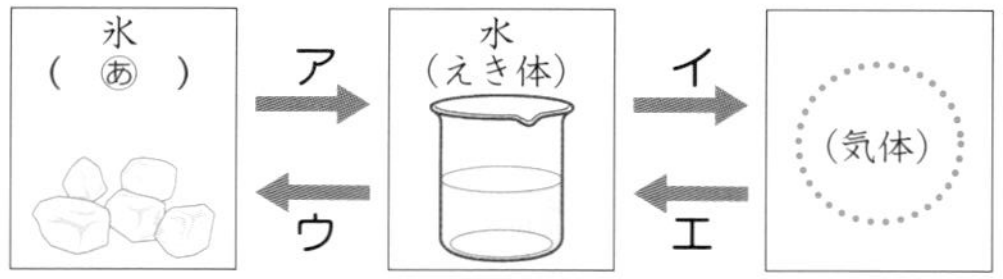

① 気体になった水を何といいますか。

② ①は，目に見えますか，見えませんか。

③ 図の矢印《やじるし》ア～エのうち，冷やしたときを表しているものを，すべて選《えら》びましょう。

④ えき体の水が氷になる温度は，およそ何℃ですか。

⑤ えき体の水がふっとうして気体になる温度は，およそ何℃ですか。

⑥ 図の（　あ　）にあてはまることばは何ですか。

表面の答え　①ふっとう　②100　③水《すい》じょう気《き》　④湯気《ゆげ》　⑤えき体　⑥固体《こたい》　⑦気体

⬅答えはそれぞれのカードのうらにあります。

キリトリ

1 わたしたちの都道府県《とどうふけん》①

要点まるごとチェックカード　社会

●日本地図を広げてみよう

・日本には（　①　）の都道府県があります。（　②　）都，（　③　），（　④　）府，京都《きょうと》府の１都１道２府の４つと43の県です。

〈都道府県の特《とく》ちょうの例《れい》〉

・北海道《ほっかいどう》……都道府県の中で，最《もっと》も面積《めんせき》が大きい。
・岩手《いわて》県……県の中で，最も面積が大きい。
・滋賀《しが》県……日本で最も大きい湖がある。
・栃木《とちぎ》県・群馬《ぐんま》県・埼玉《さいたま》県・山梨《やまなし》県・長野《ながの》県
岐阜《ぎふ》県・滋賀県・奈良《なら》県…海に面していない県。
・長崎《ながさき》県……島の数は都道府県で最も多い。

うら面の答え　**1**　①北海道　②岩手県　③滋賀県　④群馬県　⑤長崎県

キリトリ

2 わたしたちの都道府県《とどうふけん》②

要点まるごとチェックカード　社会

●地いきの地形や産業《さんぎょう》の特色《とくしょく》

・土地の高さやかたむきなど，土地の形のことを（　①　）といいます。例《たと》えば，地図の場所がどれくらいの高さであるかは，（　②　）でたしかめられます。
・土地の使われ方は，（　③　）図で調べることができます。
・農業や商業，工業などの社会をささえるさまざまな仕事を（　④　）といい，地いきによって特色があります。
・道路や鉄道，港や空港などを調べて，（　⑤　）の様子をたしかめましょう。

〈道庁《どうちょう》・県庁《けんちょう》所在地《しょざいち》の例《れい》〉

・北海道《ほっかいどう》	札幌《さっぽろ》市
・栃木《とちぎ》県	宇都宮《うつのみや》市
・群馬《ぐんま》県	前橋《まえばし》市
・愛知《あいち》県	名古屋《なごや》市
・兵庫《ひょうご》県	神戸《こうべ》市
・香川《かがわ》県	高松《たかまつ》市
・熊本《くまもと》県	熊本《くまもと》市

うら面の答え　**1**　①札幌　②宇都宮　③前橋　④兵庫　⑤高松

キリトリ

3 住みやすいくらしをつくる①

要点まるごとチェックカード　社会

●ごみのしょ理と活用

・ごみは，（　①　）ごとに分けて出します。これをごみの（　②　）といいます。
・もえる（もやす）ごみは（　③　）工場でもやされ，灰《はい》は（　④　）（うめ立て地）へ運ばれます。
・かんや紙類《るい》などを（　⑤　）ごみといいます。

〈３Ｒ《スリーアール》〉

※リフューズ（ことわる）を入れて４Ｒとすることもあります。

・**リデュース**（ごみをへらす）
……買い物ぶくろを持って行き，レジぶくろを使わない。食べ物を残《のこ》さない。
・**リユース**（くり返し使う）
……空きびんを再使用《さいしよう》する。つめかえのできる商品を買い，容器《ようき》をすてずに使う。
・**リサイクル**（ごみをしげんに変《か》えて利用《りよう》する）
……ペットボトルの容器から服をつくる。

うら面の答え　**1**　①リデュース　②レジぶくろ　③リユース　④つめかえ　⑤しげん

キリトリ

4 住みやすいくらしをつくる②

要点まるごとチェックカード　社会

●水と生活

・川の上流では，森林が（　①　）林として大切なはたらきをしており，（　②　）のダムともよばれています。
・（　③　）場では，川の水をきれいにして水道で使えるようにしています。使った水は（　④　）しょ理場できれいにし，川などへ流します。

●くらしをささえる電気・ガス

・毎日の便利《べんり》なくらしをささえているものに（　⑤　）やガスがあります。

〈電気について〉

電気がとどくまで

・発電所→送電線→変《へん》電所や柱《ちゅう》上変あつ器《き》など→家庭や会社

電気をつくる

・火力発電：石油・石炭を使う。
・水力発電：水の流れる力。
・原子力発電：ウランねん料《りょう》。
・風力発電・太陽光発電など再生《さいせい》可能《かのう》エネルギーを使う発電。

うら面の答え　**1**　①火力発電　②水力発電　③原子力発電　④風力発電　⑤太陽光発電

キリトリ

1 わたしたちの都道府県《とどうふけん》① チェックテスト① 社会

1 ①～⑤の(　　)にあてはまる都道府県の名前を答えましょう。

〈都道府県の特《とく》ちょうの例《れい》〉

・(　①　)…都道府県の中で，最《もっと》も面積《めんせき》が大きい。
・(　②　)…県の中で，最も面積が大きい。
・(　③　)…日本で最も大きい湖がある。
・(　④　)…海に面しておらず，動物の名前をふくんでいる。
・(　⑤　)…島の数は都道府県で最も多い。

表面の答え　①47　②東京《とうきょう》　③北海道《ほっかいどう》　④大阪《おおさか》

キリトリ

2 わたしたちの都道府県《とどうふけん》② チェックテスト② 社会

1 ①～⑤の(　　)にあてはまる地名を答えましょう。

〈道庁《どうちょう》・県庁所在地《けんちょうしょざいち》の例《れい》〉

・北海道《ほっかいどう》	(　①　)市	・愛知県《あいち》	名古屋市《なごや》
・宮城県《みやぎ》	仙台市《せんだい》	・三重県《みえ》	津市《つ》
・栃木県《とちぎ》	(　②　)市	・(　④　)県	神戸市《こうべ》
・群馬県《ぐんま》	(　③　)市	・香川県《かがわ》	(　⑤　)市
・神奈川県《かながわ》	横浜市《よこはま》	・鳥取県《とっとり》	鳥取市《とっとり》
・石川県《いしかわ》	金沢市《かなざわ》	・沖縄県《おきなわ》	那覇市《なは》

表面の答え　①地形　②等高線《とうこうせん》　③土地利用《りよう》　④産業《さんぎょう》　⑤交通

キリトリ

3 住みやすいくらしをつくる① チェックテスト③ 社会

1 ①～⑤の(　　)にあてはまることばを答えましょう。

〈3R《スリーアール》〉

・(　①　)(ごみをへらす)
……買い物ぶくろを持って行き，(　②　)を使わない。食べ物を残《のこ》さない。
・(　③　)(くり返し使う)
……空きびんを再使用《さいしよう》する。(　④　)のできる商品を買い，容《よう》器《き》をすてずに使う。
・リサイクル(ごみを(　⑤　)に変《か》えて利用《りよう》する)
……ペットボトルの容器から服をつくる。

表面の答え　①種類《しゅるい》　②分別《ぶんべつ》　③清《せい》そう　④しょ分場　⑤しげん

キリトリ

4 住みやすいくらしをつくる② チェックテスト④ 社会

1 ①～⑤の(　　)にあてはまることばを答えましょう。

〈電気をつくる〉

・(　①　)…石油・石炭・天然《てんねん》ガスをもやして発電する。
・(　②　)…ダムなどを使って，水の流れる力で発電する。
・(　③　)…ウランから発生させた熱《ねつ》で発電。事こがおきると大きなひ害《がい》が出る。
・(　④　)…風の力で風車を回して発電する。
・(　⑤　)…太陽の光をパネルで受けて発電する。

表面の答え　①水げん　②緑　③じょう水　④下水　⑤電気

5 安全なくらしづくり①

要点まるごとチェックカード　社会

●地震《じしん》から生活を守る

・地震が起こると，（　①　）が発生するだけでなく，建物《たてもの》がこわれたり，海ぞいの地いきでは（　②　）のひ害《がい》にあったりします。

・地震などの災害《さいがい》にそなえて，各地《かくち》で（　③　）が立てられ，（　④　）場所などが定められています。いざという時のために，学校や地いきの防災《ぼうさい》（　⑤　）にすすんで参加《さんか》することも大切です。

〈地いきや学校での地震や津波《つなみ》へのそなえ〉

・ひなんするときのヘルメットの用意
・防災倉庫《ぼうさいそうこ》で食料《しょくりょう》のほかん
・防災計画と防災訓練《くんれん》
・ハザードマップの作成《さくせい》
・自主防災組織《そしき》の活動
・海ばつをしめすひょうしき

うら面の答え　1 ①ヘルメット　②倉庫　③ハザードマップ　④自主　⑤海ばつ

6 安全なくらしづくり②

要点まるごとチェックカード　社会

●風水害《ふうすいがい》・火山災害《さいがい》から生活を守る

・夏のごう雨や，秋の（　①　）のえいきょうで大雨がふると，川のていぼうがくずれて水があふれる（　②　）が起き，大きなひ害が出ます。

・火山がとつぜん（　③　）して，人がゆくえ不明《ふめい》になったり，なくなったりする災害が起きます。

・②や③の災害のときには，（　④　）やけいさつ，自衛隊《じえいたい》が救助《きゅうじょ》活動をします。

〈地いきでの取り組み〉

・高れい者に向けて
　➡音・文字で伝《つた》える防《ぼう》災じょうほう受信機《じゅしんき》。
・外国人に向けて
　➡多言語の防災じょうほうを整び。
・登山者・住民《じゅうみん》に向けて
　➡「火山防災マップ」などの作成《さくせい》。

うら面の答え　1 ①高れい者　②外国人　③登山者　④住民

7 きょう土に伝わること

要点まるごとチェックカード　社会

・わたしたちの地いきには，（　①　）のはってんにつくした人びとがいます。地いきの人びとの（　②　）をかなえるために，力をそそぎました。

・人物の行動やできごとを，古い年からならべた表を（　③　）といいます。

・古くから大切に伝えられた建物《たてもの》，絵，芸《げい》のう，祭りなどを（　④　）といいます。

〈受けつぎたい文化や行事〉

重要《じゅうよう》文化ざい
・国が指定した大切な文化ざいのこと。
　➡道後温泉本館《どうごおんせんほんかん》（松山《まつやま》市）など。

国宝《こくほう》
・重要文化ざいのうち，国民《こくみん》のたからとして国が指定したもの。
　➡大浦天主堂《おおうらてんしゅどう》（長崎《ながさき》市）など。

世界いさん
・ユネスコが指定したもの。
　➡姫路城《ひめじじょう》（姫路市）など。

うら面の答え　1 ①重要文化ざい　②国宝　③世界いさん　④姫路城

8 特色《とくしょく》ある地いきを調べる

要点まるごとチェックカード　社会

●地いきの特色を生かす

・受けつがれたぎじゅつを使った（　①　）的な産業《さんぎょう》を生かしてまちづくりに取り組む。

・（　②　）交流がさかんな地いきは，おたがいの文化をそんちょうするまちづくりが大切。

・ゆたかな自然《しぜん》にめぐまれた地いきでは，（　③　）業や農業，漁業などがさかん。自然を守る取り組みが大切。

〈特色ある地いきの例《れい》〉

・受けつがれたぎじゅつを守り，地元の材料《ざいりょう》で特産品《とくさんひん》づくり
　➡宮城《みやぎ》県石巻《いしのまき》市雄勝《おがつ》町のすずり
・外国の都市との交流：姉妹《しまい》都市・友好《ゆうこう》都市
・共生《きょうせい》：同じ地いきにくらす外国の人々との交流
　➡仙台《せんだい》市

うら面の答え　1 ①ぎじゅつ　②材料　③姉妹　④共生（交流）

2回 漢字の書き(2)

学習日　月　日

合かくシール
全問正かいにできたら合かくシールをはろう！

1 できたシール

□に漢字を書きましょう。
〈画（線）のせっし方・交わり方に注意して正しく漢字が書ける〉

(1) 選挙《せんきょ》で上原《うえはら》君に投《とう》□《ひょう》する。

(2) 有名なお□《わら》い□《げい》人《にん》。

(3) 直《ちょっ》□《けい》一メートルの□《い》戸《ど》。

(4) 苦《く》□《ろう》して実《じっ》けんに成《せい》□《こう》する。

(5) □《おっと》と二人《ふたり》でケーキを□《や》く。

(6) □《りく》上《じょう》きょうぎ場に□《はた》がならぶ。

(7) □《か》りた用具を□《そう》庫《こ》にしまう。

2 できたシール

□に漢字を書きましょう。
〈「とめ・はね・はらい」に注意して正しく漢字が書ける〉

(1) 公《こう》□《がい》対《たい》さくの予算は一《いっ》□《ちょう》円《えん》だ。

(2) むかで□《きょう》走《そう》に□《さん》加《か》する。

(3) かい中電《ちゅうでん》□《とう》をつける。

(4) 教科書の□《れい》文《ぶん》を読む。

(5) 商店《しょうてん》□《がい》で□《もっと》も□《り》用《よう》する店。

(6) □《しか》の□《む》れを□《はじ》めて見た。

(7) 兄は□《そつ》業《ぎょう》後《ご》、□《き》望《ぼう》した会社に入る。

できなかったところは、もう一度やってみましょう。正しく直せたら**できたシール**をはりましょう。

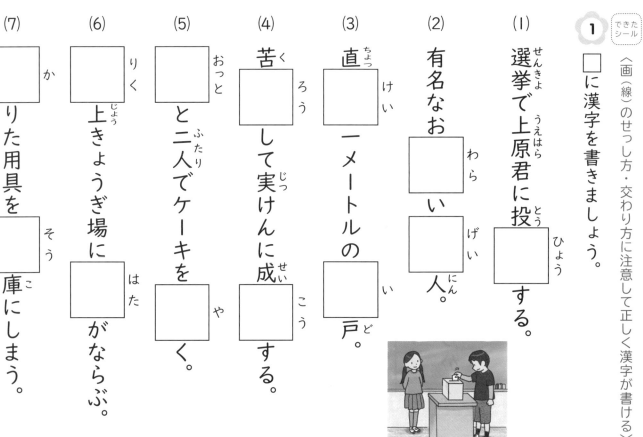

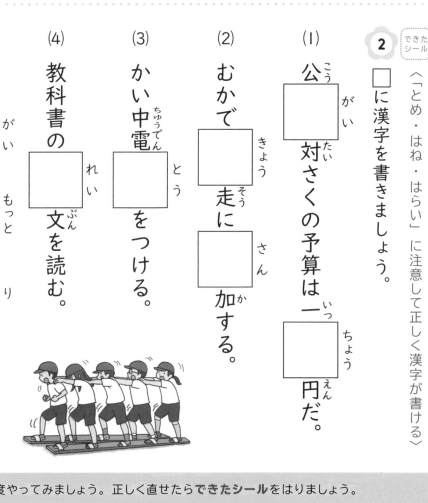

漢字の書き(3)

学習日　月　日

合かくシール
全問正かいにできたら合かくシールをはろう！

1　できたシール

〈「点があるかないか」に注意して正しく漢字が書ける〉

□に漢字を書きましょう。

(1) □《あい》らしい□《くま》のぬいぐるみ。

(2) 外国の□□《へいたい》さん。

(3) □《ぎょ》業《ぎょう》を体《たい》□《けん》する。

(4) 計算の方《ほう》□《ほう》を教わる。

(5) 美しい自《し》□《ぜん》の風《ふう》□《けい》。

(6) 百人《ひゃくにん》□《い》上《じょう》の大合《だいがっ》□《しょう》。

(7) □《はく》物館《ぶつかん》の見学□《りょう》金《きん》をはらう。

2　できたシール

〈「画（線）の長さや数」に注意して正しく漢字が書ける〉

□に漢字を書きましょう。

(1) 南《なん》□《きょく》にすむペンギン。

(2) □《きゅう》食《しょく》の□《りょう》が多い。

(3) 庭に□《ひく》い□《なし》の木がある。

(4) □《なわ》とびの目《もく》□《ひょう》回数《かいすう》を決める。

(5) □《ぐん》手《て》をしてそうじする。

(6) めだかの成長《せいちょう》を□□《かんさつ》する。

(7) 記《き》□《ねん》品《ひん》を□《む》りょうで配る。

できなかったところは、もう一度やってみましょう。正しく直せたら**できたシール**をはりましょう。

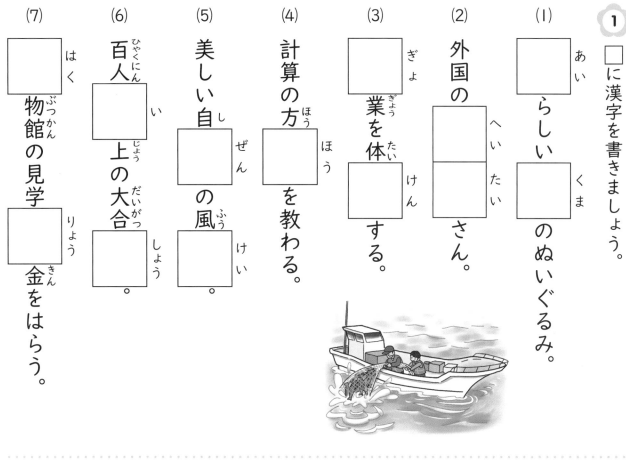

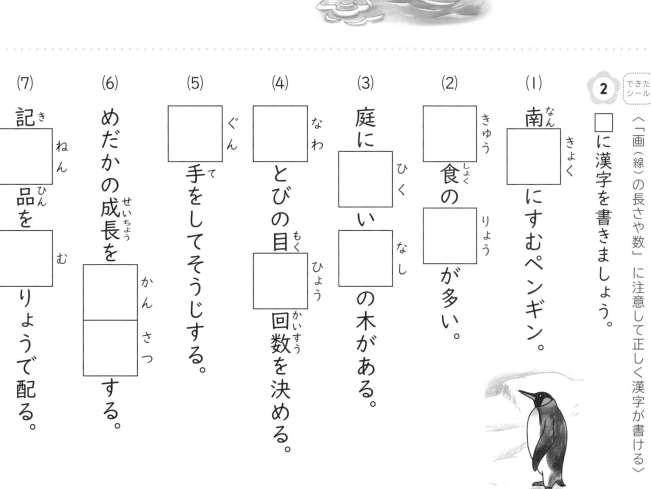

4回 漢字の書き⑷

学習日　月　日

合かくシール
全問正かいにできたら合かくシールをはろう！

1 できたシール

〈「画（線）がせっする・せっしない」に注意して正しく漢字が書ける〉

□に漢字を書きましょう。

(1) 先生と生《せい》□《と》。

(2) じゅ業《ぎょう》を□《けっ》せきする。

(3) そう理《り》大《だい》□《じん》の命《めい》□《れい》。

(4) 白《はく》□《い》を着た医者。

(5) 自分がよくなかったと反《はん》□《せい》する。

(6) □《ふ》必《ひつ》□《よう》な道具をかたづける。

(7) □《ろう》人《じん》に□《せき》をゆずる。

2 できたシール

〈送りがなをまちがえやすい漢字が正しく書ける〉

―《せん》のことばを、（　）に漢字と送りがなで書きましょう。

(1) くつをえらぶ。（　　）

(2) 家族をやしなう。（　　）

(3) 姉のこのみの番組。（　　）

(4) 国がさかえる。（　　）

(5) しずかな夜。（　　）

(6) かおりのよい茶。（　　）

(7) 全力でたたかう。（　　）

(8) 弟の入学いわい。（　　）

(9) 足元をてらす。（　　）

(10) 用けんをつたえる。（　　）

(11) 結《けっ》こん式《しき》をあげる。（　　）

(12) ミルクがかたまる。（　　）

漢字の読み方(1)

学習日　月　日

合かくシール
全問正かいにできたら合かくシールをはろう！

1 できたシール

〈漢字の二通りの読み方がわかる〉

―《せん》の漢字の読みがなを書きましょう。

(1) 残す　残念

(2) 水の底　海底

(3) 指輪　車輪

(4) 必ず　必死

(5) 変わる　変身

(6) 続く　連続

2 できたシール

〈文中で漢字の二通りの読み方がわかる〉

―《せん》の漢字の読みがなを書きましょう。

(1) 印をつけて印刷する。

(2) 的をしぼって、具体的に話す。

(3) 出産予定日に子どもを産む。

(4) 正しい位置に置く。

(5) 願書の取りよせをお願いする。

(6) 友達《ともだち》と別れて、別の方向へ進む。

できなかったところは、もう一度やってみましょう。正しく直せたら**できたシール**をはりましょう。

6回 漢字の読み方(2)

学習日　月　日

合かくシール
全問正かいにできたら合かくシールをはろう！

1 できたシール

〈漢字の二通りの読み方がわかる〉

——《せん》の漢字の読みがなを書きましょう。

(1) 花の種。（　）　種類（　）

(2) 周り（　）　周辺（　）

(3) 散らす（　）　散歩（　）

(4) 成り立ち（　）　成人（　）

(5) 新芽（　）　発芽（　）

(6) 熱い（　）　高熱（　）

2 できたシール

〈文中で漢字の二通りの読み方がわかる〉

——《せん》の漢字の読みがなを書きましょう。

(1) 飛行機（　）が飛（　）び立つ。

(2) たきたてのご飯（　）で、にぎり飯（　）を作る。

(3) われ物を包（　）そう紙で包（　）む。

(4) 失敗（　）して、しん用《よう》を失（　）う。

(5) 望遠鏡（　）で、遠くの街《まち》を望（　）む。

(6) 約束（　）どおり花束（　）をプレゼントする。

7回 漢字の組み立て

学習日　月　日

合かくシール
全問正かいにできたら合かくシールをはろう！

〈同じ部分（部首）をもつ漢字が正しく書ける〉

1 できたシール

次の部分をもつ漢字を、□に書きましょう。

(1) 言（ごんべん）…□《くん》練《れん》・□《し》験《けん》・放《ほう》□《か》後《ご》

(2) 氵（さんずい）…□《よく》室《しつ》・自《じ》□《ち》会《かい》・□《まん》足《ぞく》

(3) 亻（にんべん）…□《べん》利《り》・□《ふ》録《ろく》・天《てん》□《こう》

(4) 力（ちから）…□《ど》□《りょく》・□《ゆう》気《き》

(5) 木（きへん）…□《まつ》・□《うめ》

(6) 口（くち）…□《かく》自《じ》・□《し》会《かい》者《しゃ》

〈同じ部分（部首）の漢字が正しく書ける〉

2 できたシール

□に漢字を書きましょう。

(1) 会《かい》□《ぎ》で□《せつ》明《めい》する。

(2) □《なか》間《ま》を□《しん》用《よう》する。

(3) □《なが》れの□《きよ》らかな□《あさ》い川。

〈部首の意味や働《はたら》きがわかる〉

3 できたシール

上の部首をもつ漢字に関係《かんけい》のあるものを下から選《えら》んで、——《せん》で結《むす》びましょう。

(1) 木（材・札・橋）・　　・「人」に関係《かんけい》がある。

(2) 言（詩・談・調）・　　・「ことば」に関係《かんけい》がある。

(3) 氵（漁・泣・沖）・　　・「木」に関係《かんけい》がある。

(4) 亻（伝・住・使）・　　・「水」に関係《かんけい》がある。

できなかったところは、もう一度やってみましょう。正しく直せたら**できたシール**をはりましょう。

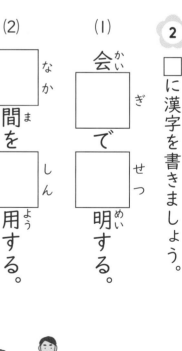

漢字の使い方(1)

学習日　月　日

合かくシール
全問正かいにできたら合かくシールをはろう！

1 できたシール 〈形のにた漢字を正しく書ける〉

□に漢字を書きましょう。

(1) □《み》来《らい》　年《ねん》□《まつ》

(2) 鳥の□《す》。　赤い□《か》実《じっ》。　数の□《たん》位《い》。

2 できたシール 〈形のにた漢字を正しく書き直すことができる〉

―《せん》の漢字は、まちがっています。□に正しい漢字を書きましょう。

(1) 四《し》委の変化《へんか》に害んだ国。　□《き》　□《と》

(2) 係は、観光《かんこう》安内所《ないじょ》で動いている。　□《まご》　□《あん》　□《はたら》

3 できたシール 〈同じ音読み・訓読《くんよ》みの漢字を正しく書ける〉

□に漢字を書きましょう。

(1) □《きょう》力《りょく》し合い□《きょう》通《つう》の作業をする。

(2) □《せつ》分《ぶん》の由来を□《せつ》明《めい》する。

(3) 工場の機《き》□《かい》が□《かい》良《りょう》される。

(4) □《とく》島県《しまけん》の□《とく》集番組《しゅうばんぐみ》。

(5) さ(す)　日が□す。　南を□す。

(6) さ(める)　目が□める。　お茶が□める。

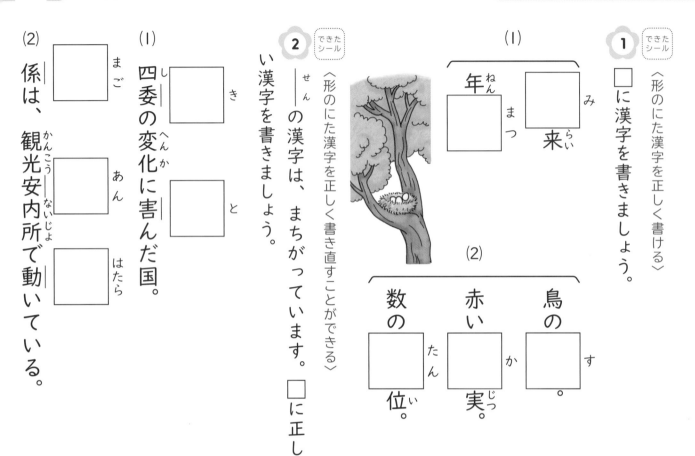

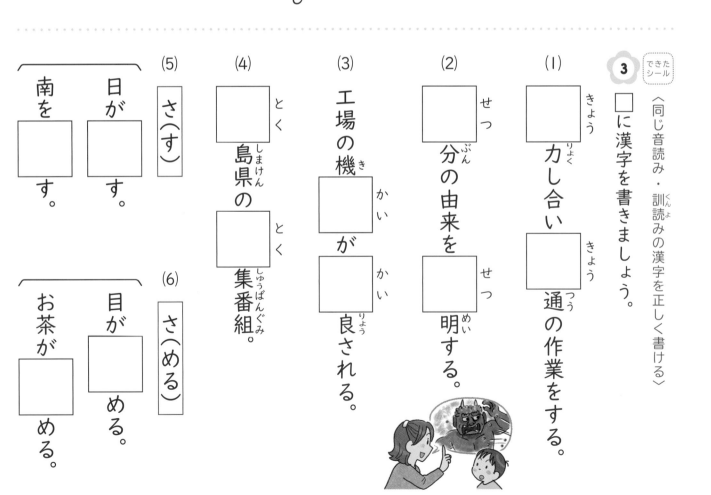

漢字の使い方(2)

学習日　月　日

合かくシール
全問正かいにできたら合かくシールをはろう！

1 できたシール

〈同じ読み方をすることばを漢字で正しく書ける〉

□と読む漢字を、□に書きましょう。

(1) じどう
□□ドア
□□公園

(2) じてん
国語□□
百科□□

(3) きかん
消化□□
交通《こうつう》□□

(4) りょうしん
□□がいたむ。
□□の顔。

(5) いがい
先生□□立ち入りきん止《し》。
□□な結末《けつまつ》におどろく。

2 できたシール

〈都道府県の漢字の読み方がわかる〉

——《せん》の漢字の読みがなを書きましょう。

(1) 茨城県（　　）
(2) 佐賀県（　　）
(3) 栃木県（　　）
(4) 岐阜県（　　）
(5) 福岡県（　　）
(6) 滋賀県（　　）
(7) 奈良県（　　）
(8) 埼玉県（　　）
(9) 宮崎県（　　）
(10) 新潟県（　　）
(11) 愛媛県（　　）
(12) 大阪府（　　）

できなかったところは、もう一度やってみましょう。正しく直せたら**できたシール**をはりましょう。

10回 慣用句《かんようく》・ことわざ

学習日　　月　　日

合かくシール
全問正かいにできたら合かくシールをはろう！

1 できたシール
〈いろいろな慣用句《かんようく》がわかる〉

次の慣用句《かんようく》を使った文で、（　）に合うことばを［　］から選《えら》んで書きましょう。

(1) 姉はケーキに（　　）がない。

(2) 先生の（　　）の一声《ひとこえ》で結《けつ》ろんが出た。

(3) （　　）のひたいほどしかない庭。

［手・目・つる・犬・ねこ］

2 できたシール
〈いろいろな慣用句《かんようく》の意味がわかる〉

次の慣用句《かんようく》の意味に合うものを、［　］から選《えら》んで、記号を書きましょう。

(1) 油を売る……（　　）

(2) 馬が合う……（　　）

㋐ たがいに気が合うこと。
㋑ 商売がうまいこと。
㋒ とちゅうでなまけること。

3 できたシール
〈いろいろなことわざの意味がわかる〉

次のことわざの意味に合うものを、［　］から選《えら》んで、記号を書きましょう。

(1) ぬかにくぎ……（　　）

(2) 転ばぬ先のつえ……（　　）

㋐ 思いがけない幸運を手に入れること。
㋑ 前もって十分に用心をすることが大切だということ。
㋒ なんのききめもないこと。

4 できたシール
〈ことわざの意味と表げんがわかる〉

下の意味に合うように、（　）に合うことばを［　］から選《えら》んで書きましょう。

(1) 二階から（　　）……思うようにならずじれったいこと。

(2) （　　）はわざわいの元…話すことばには、十分気をつけたほうがよいこと。

［良薬《りょうやく》・目薬・手・口・耳］

国語辞典《じてん》の使い方

学習日　月　日

合かくシール
全問正かいにできたら合かくシールをはろう！

1 できたシール

〈国語辞典《じてん》に出ていることばのならび方がわかる〉

国語辞典《じてん》に出ている順《じゅん》に、番号をつけましょう。

(1)
（　）かい
（　）かめ
（　）あめ

(2)
（　）すみれ
（　）すずめ
（　）すみえ

(3)
（　）はくし
（　）はかせ
（　）はかり

(4)
（　）ふうりん
（　）ふうそく
（　）ふうけい

2 できたシール

〈国語辞典《じてん》に出ていることばの形がわかる〉

――《せん》のことばを、国語辞典《じてん》に出ている形（言い切りの形）に書き直しましょう。

(1) 花がさいている。（　）

(2) 今日《きょう》は寒かった。（　）

(3) 空が明るくなる。（　）

3 できたシール

〈動きを表すことばの意味がわかる〉

(1)・(2)の――《せん》のことばの意味を□から選《えら》んで、①～③の番号を書きましょう。

(1)（　）ボールを投げる。

(2)（　）試合《しあい》をと中で投げる。

なげる【投げる】①手でものをほうる。②あきらめて、やめる。③すもうやじゅう道《どう》で相手をたおす。

4 できたシール

〈様子を表すことばの意味がわかる〉

(1)・(2)の――《せん》のことばの意味を□から選《えら》んで、①～⑤の番号を書きましょう。

(1)（　）わたしは漢字に強い。

(2)（　）今日《きょう》は、朝から風が強い。

つよい【強い】①力やぎじゅつがすぐれている。②じょうぶである。③しっかりしている。④てい度やいきおいがはげしい。⑤とくいである。

できなかったところは、もう一度やってみましょう。正しく直せたら**できたシール**をはりましょう。

漢和辞典《じてん》の使い方

学習日　　月　　日

合かくシール
全問正かいにできたら合かくシールをはろう！

1 できたシール

〈漢和辞典《じてん》の三つの引き方がわかる〉

次のようなとき、漢和辞典《じてん》のどのさくいんを使って調べますか。[　　]から選《えら》んで、記号を書きましょう。

(1) 漢字の読み方がわかっているとき。（　　）

(2) 漢字の部首がわかっているとき。（　　）

(3) 漢字の部首も読み方もわからないとき。（　　）

(4) 「試」の部首「ごんべん」を知っているとき。（　　）

(5) 「試」の読み方「シ」を知っているとき。（　　）

(6) 「試」の部首も読み方もわからないので、総画数《そうかくすう》で調べるとき。（　　）

㋐総画《そうかく》さくいん　㋑音訓さくいん　㋒部首さくいん

2 できたシール

〈まちがえやすい漢字の画数がわかる〉

次の漢字の総画数《そうかくすう》を書きましょう。

(1) 世（　　）　(2) 弟（　　）

(3) 起（　　）　(4) 管（　　）

3 できたシール

〈漢字の部首と部首の画数がわかる〉

次の漢字の部首を□に、部首の画数を（　）に書きましょう。

(1) 柱　□ ◀部首　（　　）◀部首の画数

(2) 節　□ ◀部首　（　　）◀部首の画数

(3) 焼　□　（　　）

(4) 唱　□　（　　）

4 できたシール

〈漢和辞典《じてん》に出ている順がわかる〉

漢和辞典《じてん》に出ている順《じゅん》（画数の少ない順《じゅん》）に、番号をつけましょう。

(1) 茶（　）　苦（　）　荷（　）

(2) 打（　）　投（　）　持（　）

(3) 機（　）　梅（　）　植（　）　様（　）

(4) 漁（　）　漢（　）　満（　）　清（　）

文の組み立て

学習日　月　日

合かくシール
全問正かいにできたら合かくシールをはろう！

1　できたシール

〈物事をくわしくすることばの働《はたら》きがわかる〉

□の修飾語《しゅうしょくご》がくわしくしていることばの記号(ア〜オ)を〇でかこみましょう。

(1) [むずかしい]　ア漢字を　イノートに　ウくり返し　エ練習する。

(2) ア日曜日なので、　イ遊園地には　ウ朝から　[たくさんの]　エ人が　オいた。

(3) アとつぜん　イ雨が　ウふってきたので、　[すぐに]　エせんたく物を　オとりこんだ。

(4) [さっき、]　ア会社に　イいる　ウ父から、　エ電話が　オかかってきた。

2　できたシール

〈物事をくわしくすることばがわかる〉

□のことばをくわしくしている修飾語《しゅうしょくご》すべてに、——《せん》を引きましょう。

(1) 黒くて長いかみの毛の[女の子]が、お母さんと歩いていた。

(2) おじいちゃんとおばあちゃんが、きのう秋田から[やってきた]。

3　できたシール

〈ことばの関係《かんけい》を文図に表すことができる〉

＝は主語・述語《じゅつご》の関係《かんけい》、↓は修飾《しゅうしょく》の関係《かんけい》を表します。□に合うことばを書きましょう。

(1) 近所のスーパーは、十時まで開いている。

①□ → スーパーは ＝ 開いている。
②□ → 開いている。

(2) わたしの姉は、五才からピアノを習っている。

①□ → 姉は ＝ 習っている。
②□ → 習っている。
③□ → 習っている。

(3) 古いアルバムには、昔の写真がたくさんはってあった。

①□ → ②□ → はってあった。
③□ → 写真が ＝ はってあった。
④□ → はってあった。

できなかったところは、もう一度やってみましょう。正しく直せたら**できたシール**をはりましょう。

14回 文をつなぐことば

学習日　月　日

合かくシール
全問正かいにできたら合かくシールをはろう！

1 できたシール

〈後に当然《とうぜん》の結果《けっか》がくる、文をつなぐことばがわかる〉

（　）に最《もっと》も合うことばを、□から選《えら》んで書きましょう。

(1) 部屋《へや》が暑い。（　　）、まどを開けた。

それとも・ところで・だから

(2) こわいえい画を見た。（　　）、弟は泣《な》いてしまった。

それで・それとも・つまり

2 できたシール

〈後に反対の内ようがくる、文をつなぐことばがわかる〉

（　）に最《もっと》も合うことばを、□から選《えら》んで書きましょう。

(1) 電話をかけた。（　　）、だれも出ない。

または・しかし・そこで

(2) 弟が転んだ。（　　）、泣《な》かなかった。

なぜなら・さて・でも

3 できたシール

〈文をつなぐことばの働《はたら》きがわかる〉

次のことばと同じような働《はたら》きをするものを、下から選《えら》んで、——線《せん》で結《むす》びましょう。

(1) さて　・　　・㋐ では・ところで

(2) それで　・　　・㋑ でも・ところが

(3) けれども　・　　・㋒ だから・ですから

4 できたシール

〈文をつなぐことばを正しく使うことができる〉

絵を見て、次のことばに続《つづ》く文を作りましょう。

(1) ぼくは、思い切りボールをけった。

だから、

(2) ぼくは、思い切りボールをけった。

しかし、

15回 こそあどことば

学習日　月　日

合かくシール
全問正かいにできたら合かくシールをはろう！

1 できたシール

〈こそあどことばの種類《しゅるい》と働《はたら》きがわかる〉

次の表の□に合うこそあどことばを書きましょう。

	物事	場所	方向	方向	指定	様子
こ（話し手に近い場合。）	(1)	ここ	(5)	こっち	(9)	こんな
そ（相手（聞き手）に近い場合。）	それ	(3)	そちら	(7)	その	(11)
あ（どちらからも遠い場合。）	あれ	(4)	(6)	あっち	あの	(12)
ど（何かはっきりしない場合。）	(2)	どこ	どちら	(8)	(10)	どんな

2 できたシール

〈こそあどことばを正しく使える〉

下の絵に合うこそあどことばを□から選《えら》んで、（　）に書きましょう。

(1) （　　）絵は、ぼくの父がかいたものです。

(2) （　　）は、日が当たるので、（　　）にすわろう。

どの・ここ・それ・あの・あそこ

3 できたシール

〈こそあどことばのさす内ようがわかる〉

□のこそあどことばがさしている事がらを書きましょう。

(1) 紙ねん土で小さな花びんを作った。それにお母さんが花を入れてくれた。

（　　　　）

(2) 友達《ともだち》とふん水のある公園で待ち合わせた。そこは、池でボートに乗れる。

（　　　　）

16回 符号《ふごう》の使い方

学習日 月 日

合かくシール
全問正かいにできたら合かくシールをはろう！

〈符号《ふごう》の働《はたら》きがわかる〉

1 できたシール

次の符号《ふごう》の働《はたら》きを、[ ]から選《えら》んで記号を書きましょう。

(1) 。(まる・句点《くてん》) （　　）

(2) 、(点・読点《とうてん》) （　　）

(3) 「 」(かぎ) （　　）

(4) ・(中点) （　　）

(5) ――(ダッシュ) （　　）

ア 文中の意味の切れ目を表す。
イ 言葉をならべるときに使う。
ウ 文の終わりを表す。
エ 説明《せつめい》をおぎなったり、省《しょう》りゃくしたりするときに使う。
オ 会話や思ったことなどを表すときに使う。

〈文の意味に合わせて読点《とうてん》をつけることができる〉

2 できたシール

次の[ ]の文を、〈 〉の意味になるように、読点《とうてん》（、）を一つずつつけて書きましょう。

(1) わたしは母と父の帰りを待った。

① 〈わたしだけが待った。〉 （　　）

② 〈わたしと母が待った。〉 （　　）

(2) ぼくは急いで帰る兄を見た。

① 〈ぼくが急ぐ。〉 （　　）

② 〈兄が急ぐ。〉 （　　）

物語の読みとり(1)

学習日　　月　　日

合かくシール
全問正かいにできたら合かくシールをはろう！

次の文章を読んで、問題に答えましょう。

四月一日は、真由子《まゆこ》のうちの引っこしの日です。真由《まゆ》子《こ》たち家族は、新しい家で引っこしの作業にいそがしく、一時すぎに、やっとお昼を食べることができました。

お日様の、ぽわっと当たる居間《いま》で、からあげやたまご焼《や》きの入ったおべんとうを食べていたら、大きな黒いネコが、庭にいた。さっき、おべんとうの包《つつ》みを開けていた時にはいなかったのに、まほうみたいに、ぼわんとあらわれて、すわっている。

ママが「キャッ。」とさけんだ。ママがさけんでも、ネコは、平気だった。

（「タンポポ空地のツキノワ」あさのあつこ〈国土社〉より）

1　できたシール

〈場面の様子を読みとることができる〉

(1) 真由子《まゆこ》たちは、どんなところで、おべんとうを食べていましたか。

［　　　　居間《いま》。］

(2) 黒いネコは、どのように庭にあらわれて、すわっているのですか。

［　　　　あらわれて、すわっている。］

次の文章を読んで、問題に答えましょう。

八月に入って、ようやく、約束《やくそく》の日がやってきた。

*流星ぐんは、今夜がいちばんよく見えるらしい。そのよく晴れた暑い午後、じいちゃんは午前中に仕事をすませ、あしたの休みもとって帰ってきた。

「光平《こうへい》、雨がふらんでよかったな。さぁ、行くぞ！」

ずっと楽しみに待っていたのに、さぁ、と言われると、ちょっとしりごみしてしまう。光平《こうへい》は、大きく息をすってから*軽トラに乗りこんだ。

*流星ぐん…たくさんの流れ星。
*軽トラ…小型《こがた》のトラックである「軽トラック」のりゃく。

（「冒険に行こう、じいちゃん」あんず ゆき〈文研出版〉より）

2　できたシール

〈出来事を読みとることができる〉

(1) 約束《やくそく》の日には、何がいちばんよく見えるのですか。

［　　　　　　　　］

(2) 光平《こうへい》は、約束《やくそく》の日のことを、どんな気持ちで待っていたのですか。

［　　　　　　　　］

できなかったところは、もう一度やってみましょう。正しく直せたら**できたシール**をはりましょう。

物語の読みとり(2)

学習日　月　日

合かくシール　全問正かいにできたら合かくシールをはろう！

次の文章を読んで、問題に答えましょう。

（真由子《まゆこ》は、黒いネコのツキノワを追いかけたことをきっかけに、同じクラスの小原《おはら》さんと話すようになった。）

空き地のすみの、せの高い草のところに、黒いものがうずくまっていた。ツキノワよりずっと大きい。黒くて丸い。近づいて、それが小原《おはら》さんのせなかだとわかった。小原《おはら》さんは、せなかを丸めて、アルマジロみたいに丸くなって、しゃがんでいた。丸いせなかが、ふるえている。

（泣《な》いてるんだ。）

真由子《まゆこ》は、ぴくっとも動けなくなった。どうしよう、どうしたらいいだろうと考えた。

（「タンポポ空地のツキノワ」あさのあつこ〈国土社〉より）

1　できたシール

〈登場人物がしたことや思ったことの理由を読みとることができる〉

真由子《まゆこ》が、ぴくっとも動けなくなったのは、どんなことに気づいたからですか。

次の文章を読んで、問題に答えましょう。

せなかに荷物をかつぎ、じいちゃんの後ろについて、光平《こうへい》はとことこと歩き出した。雑木林《ぞうきばやし》の間にのびる細い道を歩いていると、ひたいからあせがふき出してくる。流れて目に入るとぶつくさ言ったら、じいちゃんが、こしにさげた白いタオルを広げて、ぎゅっとはちまきしてくれた。たったそれだけのことなのに、心までぎゅっと力が入る。

でも、*軽トラが見えなくなったとたん、気弱になった。母さんとはなれて、知らない場所でねるなんて、初《はじ》めてなのだ。

＊軽トラ…小型《こがた》のトラックである「軽トラック」のりゃく。

（「冒険に行こう、じいちゃん」あんずゆき〈文研出版〉より）

2　できたシール

〈登場人物の気持ちを読みとることができる〉

(1) じいちゃんがはちまきをしてくれたときの、光平《こうへい》の気持ちがわかる部分を書きましょう。

(2) 軽トラが見えなくなったとたん、光平《こうへい》が気弱になったのはどうしてですか。

母さんとはなれて、

説明文《せつめいぶん》の読みとり(1)

学習日　月　日

合かくシール　全問正かいにできたら合かくシールをはろう！

次の文章を読んで、問題に答えましょう。

わたしたち人間は、目覚《めざ》めている間はいつも、ぱちぱちとまばたきをしています。(1)［それ］をするのは、どうしてなのでしょう。
　まばたきをする理由の一つは、目の表面を守るためです。空気中には、とても細かいごみが、たくさんただよっています。(2)［それ］が目の表面にくっつかないように、まばたきをして取りのぞいているのです。

1　できたシール　〈こそあどことばがさす内ようがわかる〉

(1)・(2)の［それ］は、文章中の何をさしていますか。それぞれ書きましょう。

(1)〔　　　　〕

(2)〔　　　　〕

2　できたシール　〈文章の内ようを正しく読みとることができる〉

まばたきをする理由の一つは、なんのためだと書かれていますか。

〔　　　　〕

次の文章を読んで、問題に答えましょう。

〈四月になりました。〉
　庭の土の上などで、クロオアリが活動を始めます。
　［(1)］、巣《す》づくりです。冬の間、雨や雪のために、くずれたり、ふさがったりしてしまったあなをしゅう理します。［(2)］、なんびきもの働《はたら》きアリたちが、巣《す》の中から土を運び出し、力を合わせて巣《す》を大きくしていくのです。［(3)］、雨のふる日や、寒い日には、あたたかい巣《す》の中にもどって、天気が回復《かいふく》するのを待っています。

〈「科学のアルバム　アリの世界」栗林　慧〈あかね書房〉より〉

3　できたシール　〈文をつなぐことばの働《はたら》きがわかる〉

［(1)］～［(3)］に入る最《もっと》もよいことばを一つずつ選《えら》んで、○でかこみましょう。

(1)〔でも・または・まず〕

(2)〔そして・それとも・だけど〕

(3)〔つまり・でも・では〕

　できなかったところは、もう一度やってみましょう。正しく直せたら**できたシール**をはりましょう。

20回 説明文《せつめいぶん》の読みとり⑵

学習日　　月　　日

合かくシール
全問正かいにできたら合かくシールをはろう！

次の文章を読んで、問題に答えましょう。

〈人は、大雨のたび川からあふれる水になやんできました。〉

[1] （りゃく）人は川をつくり変《か》えてきました。上流には、ダムをつくり、流す水の量《りょう》を調節《ちょうせつ》するようにしました。大雨で、水がいきおいよく流れても、川のふちがこわれて水があふれ出ないように、川の岸を高いコンクリートのていぼうで固《かた》めました。

[2] また、水があふれる前にできるだけ早く海へ流すために、川が曲がっているところはまっすぐにし、川の底《そこ》も、でこぼこがないように、コンクリートで固《かた》めました。

[3] しかし、コンクリートで固《かた》められた水辺《みずべ》には植物も生えません。生き物のえさも少なく、休んだりたまごを産《う》んだりする場所もなくなって、すみにくいかんきょうになってしまいます。

[4] そこで、最近《さいきん》は、川を復活《ふっかつ》させようという動きが出てきました。これまでのようなコンクリートだけではなく、自然《しぜん》の石を取り入れたり、生き物がくらしやすい＊よどみをつくるようにつくり変《か》えることが行われています。

＊よどみ…水が流れないで、たまっている所。

（「地球の未来と「水」― 生命をささえる、めぐる水」岸上祐子・嶋田泰子〈さ・え・ら書房〉より）

1 できたシール
〈だん落の要点《ようてん》を読みとることができる〉

[1][2]のだん落では、人が川をどのようにつくり変《か》えた例《れい》が挙《あ》げられていますか。（　）に合うことばを文章中からさがして書きましょう。

[1] 上流に（　　　）をつくり、岸をコンクリートのていぼうで固《かた》めた例《れい》。

[2] 川を（　　　）にし、底《そこ》もコンクリートで固《かた》めた例《れい》。

2 できたシール
〈だん落の関係《かんけい》を読みとることができる〉

⑴ [3]のだん落の働《はたら》きに合うほうを選《えら》んで、○をつけましょう。

ア（　）[1][2]のように川をつくり変《か》えることの、理由を説明《せつめい》している。

イ（　）[1][2]の結果《けっか》、川でおこる悪い変《へん》化《か》を説明《せつめい》している。

⑵ [4]のだん落について、（　）に合うことばを文章中からさがして書きましょう。

川を（　　　）させようという、最近《さいきん》の動きについて書いている。

21回 作文(1)

学習日　月　日

合かくシール
全問正かいにできたら合かくシールをはろう！

1

できたシール

〈「どうする」のはっきりとした文が書ける〉

絵を見て、「どうする」がわかる文を作りましょう。

(1)

(2)

(1) 犬がボールを

(2) はとが

2

できたシール

〈「どんなだ」のはっきりした文が書ける〉

絵を見て、「どんなだ」がわかる文を作りましょう。

(1)

(2)

(1) 犬が

(2) 外は

3

できたシール

〈「どのように」のはっきりした文が書ける〉

絵を見て、□に合うことばを考えて書きましょう。

(1)

(2)

(3)

(1) 雨が□（▸どのように）ふってきたので、□（▸どのように）走った。

(2) 野菜《やさい》を□（▸どのように）切って、油で□（▸どのように）いためた。

(3) 鳥が□（▸どのように）鳴いたので、わたしは、□（▸どのように）庭をのぞいてみた。

できなかったところは、もう一度やってみましょう。正しく直せたら**できたシール**をはりましょう。

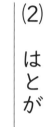

22回 作文(2)

学習日　月　日

合かくシール
全問正かいにできたら合かくシールをはろう！

1 できたシール

〈くわしい様子の文が書ける〉

絵を見て、〈　〉のことばを使って文を作りましょう。

(1)〈きれいに〉

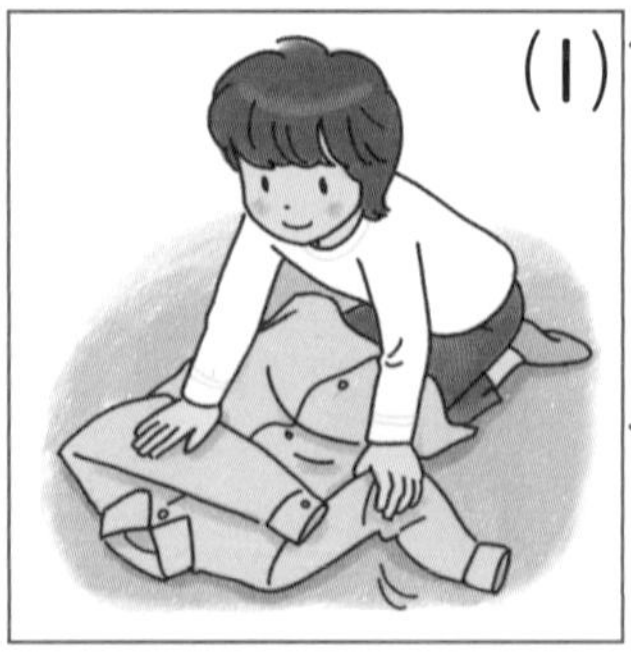

(2)〈たっぷり〉

(3)〈ゆっくり〉

(1) わたしは、

(2) ぼくは、

(3)

2 できたシール

〈くわしい様子を文章で書ける〉

絵を見て、〈　〉のことばを使って、作文を書きましょう。

(1)

〈ふわふわ〉〈ぱちんと〉

(2)

〈ふらふら〉〈少しずつ〉

(1)

(2)

国語 しあげテスト

学習日　　月　　日

とく点　　点

合かくシール
全問正かいにできたら合かくシールをはろう！

次の文章を読んで、問題に答えましょう。

1　目の①不自由な人の歩行を助ける犬をもうどう犬といいます。もうどう犬が仕事をするときは、「ハーネス」という胴輪《どうわ》を付《つ》け、そのハーネスからのびたハンドルを人がにぎって、犬といっしょに歩くのです。もうどう犬は視覚《しかく》しょうがい者のためにしょうがい物をさけたり、段《だん》差《さ》や曲がり角を教えたりして目的《もくてき》地まで安全に②つれていってくれるのです。

2　もうどう犬の仕事はとてもむずかしいので、どんな犬でもなれるわけではありません。もうどう犬になる素質《そしつ》のある犬が選《えら》ばれ、子犬のときに「パピーウォーカー」というボランティアの家族にあずけられて、愛情《あいじょう》いっぱいにのびのびと育てられます。この時期に人とくらすよろこびを経験《けいけん》し、人を信《しん》らいする気持ちを養《やしな》うのです。

3　そうして1歳《さい》になると、もうどう犬のための訓練《くんれん》所に入ってさまざまな訓練《くんれん》を受けます。半年から1年間訓練《くんれん》を受け、試験《しけん》を受けて受かったら、やっともうどう犬になれるのですが、今のところその合格率《ごうかくりつ》は3割《わり》から4割《わり》と、なかなかむずかしいものです。

（『いのちのギフト』日野原重明〈小学館〉より）

1　——①の読みをひらがなで書き、——②を漢字で書きましょう。（一つ10点）

①（　　　　）　②（　　　　）れて

2　もうどう犬の仕事は何ですか。（一つ10点）

視覚《しかく》しょうがい者を（　　　　）まで（　　　　）につれていくこと。

3　「この時期」とは、どんな時期ですか。（20点）

（　　　　）

4　もうどう犬は、ボランティアの家族に育てられることで、何を経験《けいけん》し、何を養《やしな》いますか。（一つ10点）

（　　　　）を経験《けいけん》し、（　　　　）を養《やしな》う。

5　もうどう犬になるための試験《しけん》のむずかしさは、どのだん落に書かれていますか。また、試験《しけん》のむずかしさはどんな事実からわかりますか。（一つ10点）

（　　　　）のだん落

（　　　　）

社会 しあげテスト

学習日　　月　　日

とく点　　点

合かくシール
全問正かいに
できたら
合かくシール
をはろう！

1 都道府県《とどうふけん》について，次の問題に答えましょう。 （1つ5点）

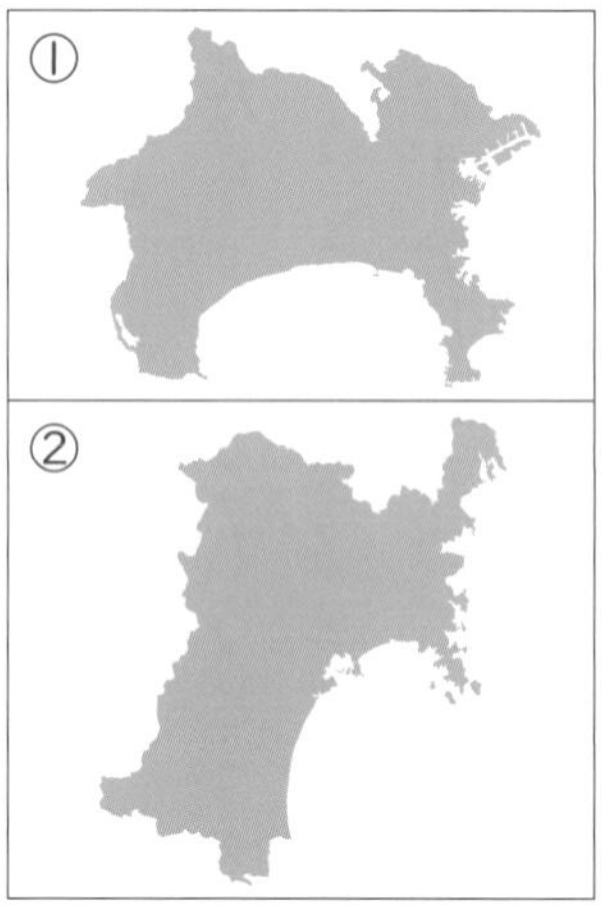

(1)　海にかこまれている都道府県の名前を２つ書きましょう。

（　　　　　　　　）・（　　　　　　　　）

(2)　県名に動物をふくむものを２つ書きましょう。

（　　　　　　　　）・（　　　　　　　　）

(3)　右の①・②の県の県庁所在地名《けんちょうしょざいちめい》を書きましょう。

①（　　　　　　　　）　②（　　　　　　　　）

2 ごみのしょ理について，次の問題に答えましょう。 （1つ10点）

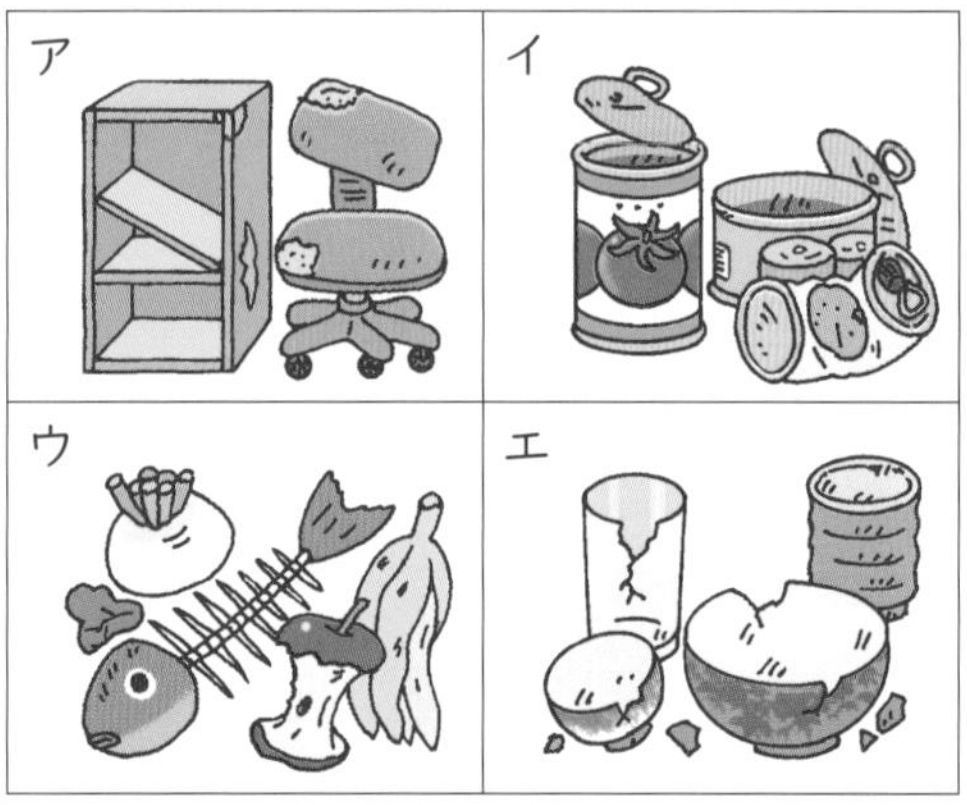

(1)　右のア～エからしげんごみにあてはまるものを１つ選《えら》び，記号で答えましょう。

（　　　）

(2)　もえるごみのはいが，運ばれる場所はどこですか。（　　）にあてはまることばを書きましょう。

最終《さいしゅう》しょ分場の（　　　　　　　　）地

(3)　ごみしょ理について，３R《スリーアール》の取り組みがあります。リデュース以外の２つをカタカナで書きましょう。　（　　　　　　）・（　　　　　　）

3 次の問題に答えましょう。 （(1)は15点，(2)は全部書けて15点）

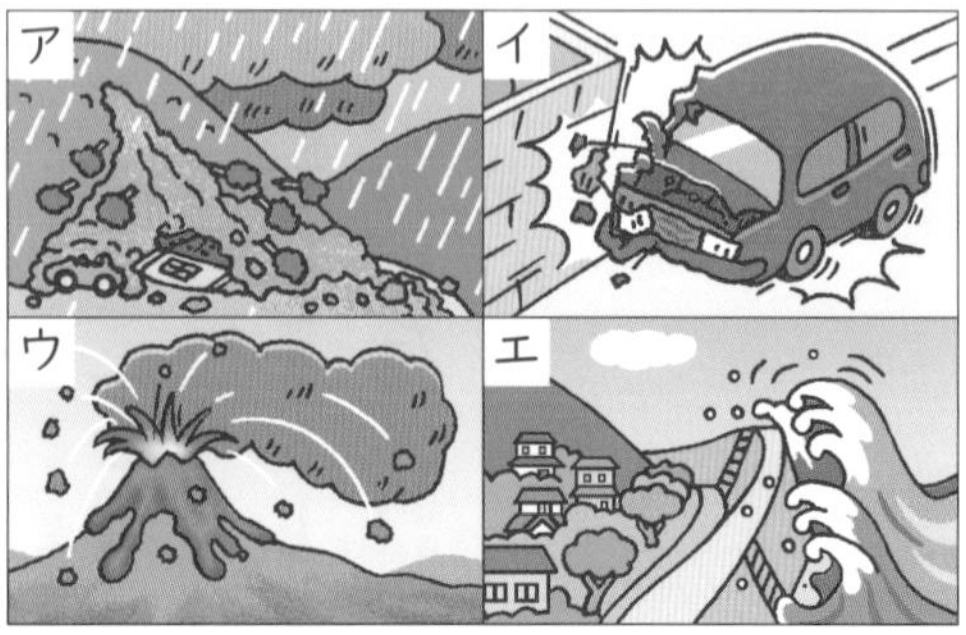

(1)　右のア～エから自然災害《しぜんさいがい》ではないものを１つ選び，記号で答えましょう。　（　　　）

(2)　地震《じしん》などのそなえとして正しいものすべてに，○を書きましょう。

（　）ハザードマップ　（　）ヘルメットの用意

（　）点字ブロック　　（　）シートベルト

理科 しあげテスト

学習日　　月　　日

とく点　　点

合かくシール
全問正かいにできたら合かくシールをはろう！

1 右の図は，ある季節《きせつ》のサクラ（ソメイヨシノ）のようすを表したもので，㋐のようなふくらみができていました。次の問題に答えましょう。　（1つ10点）

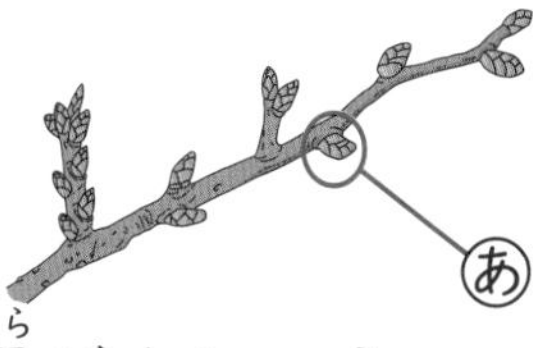

① 図はどの季節のサクラのようすですか。次の㋐～㋓から選《えら》びましょう。

㋐ 春　㋑ 夏　㋒ 秋　㋓ 冬　（　　　）

② 図の㋐を何といいますか。　（　　　）

③ 図のようなサクラが見られるころのオオカマキリのようすを，次の㋐～㋓から選びましょう。　（　　　）

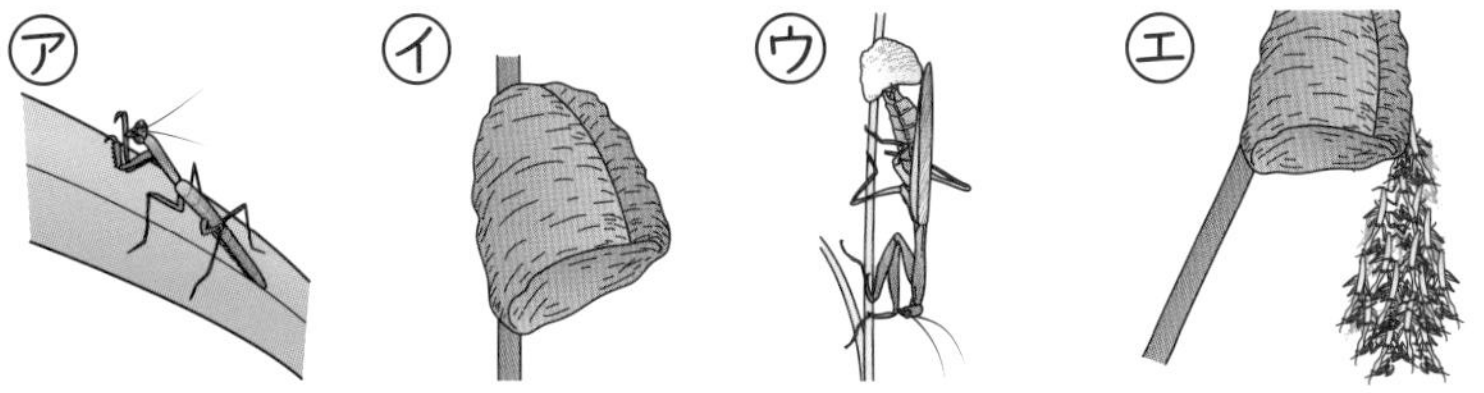

2 ある日の夕方ごろ，南の空に右の図のような月が見られました。次の問題に答えましょう。　（1つ10点）

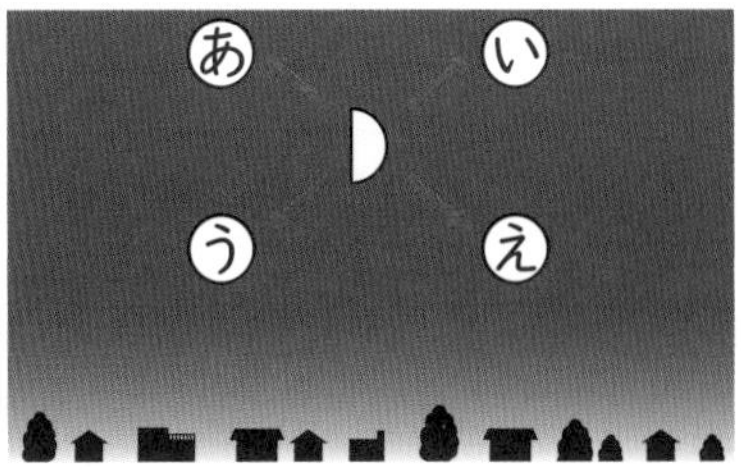

① 図のような月の形を何といいますか。次の㋐～㋓から選びましょう。　（　　　）

㋐ 新月《しんげつ》　㋑ 三日月《みかづき》　㋒ 半月《はんげつ》　㋓ 満月《まんげつ》

② 1時間後にふたたび南の空を観察《かんさつ》したとき，月はどの方向に動いて見えますか。㋐～㋓から選びましょう。　（　　　）

③ 次に図と同じ形の月が見られるのはいつですか。次の㋐～㋓から選びましょう。　（　　　）

㋐ 約《やく》1週間後　㋑ 約2週間後　㋒ 約3週間後　㋓ 約1か月後

3 右の図のように，ビーカーに水を入れて熱《ねつ》すると，水の中からさかんにあわが出てきて，㋐に白いけむりのようなものが見えました。次の問題に答えましょう。　（①10点，②③1つ15点）

① 図のように，熱したときにさかんにあわが出ることを何といいますか。　（　　　）

② ビーカーの水は，一度目に見えないすがた（気体）に変わります。この水のすがたを何といいますか。（　　　）

③ ②が冷《ひ》えてできる㋐の白いけむりのようなものを何といいますか。

（　　　）

算数 しあげテスト

学習日　月　日
とく点　点
合かくシール　全問正かいにできたら合かくシールをはろう！

1 次の計算をしましょう。（1つ5点）

① 4.6 × 25

② 0.251 × 38

③ 7）352

④ 18）774

2 下の数直線の□にあてはまる数を書きましょう。（1つ10点）

①

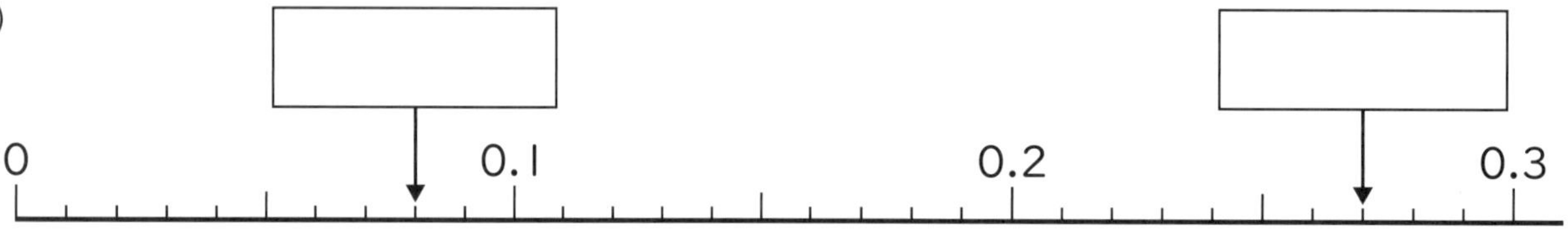

②

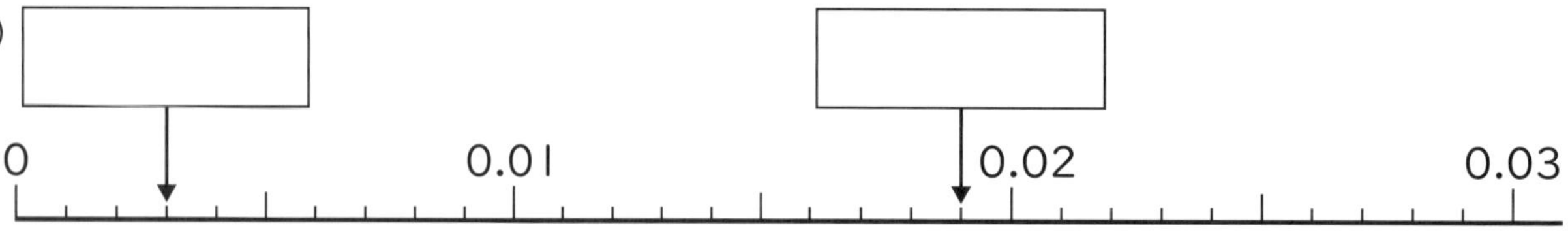

3 次のような図形の面積《めんせき》を求《もと》めましょう。（1つ10点）

①

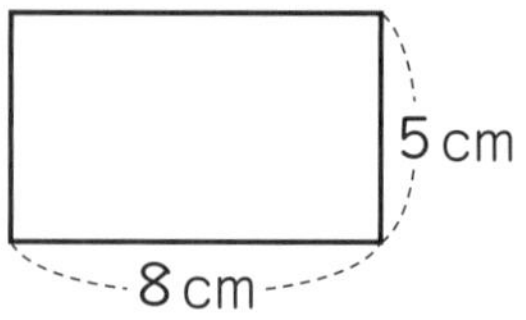

式

答え（　　　　）

②

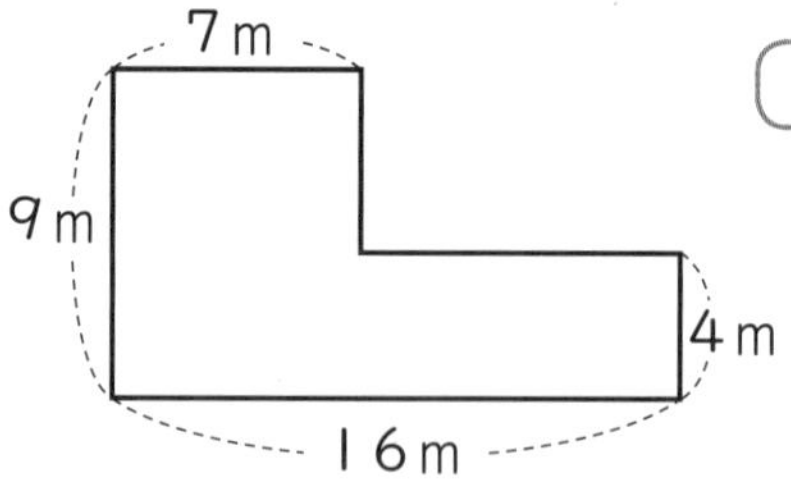

式

答え（　　　　）

4 先月 1 こ 120 円だったりんごが，今月 240 円にね上がりしました。また，先月 1 こ 60 円だったみかんが，1 こ 180 円にね上がりしました。どちらのほうが大きくね上がりしたといえますか。（20点）

式

答え（　　　　）

いろいろな問題(2)

学習日　　月　　日

合かくシール
全問正かいにできたら合かくシールをはろう！

できたシール〈何倍になるかを求《もと》める文章題〉

1 赤いテープの長さは，青いテープの長さの 2 倍です。青いテープの長さは，白いテープの長さの 3 倍です。赤いテープの長さは，白いテープの長さの何倍になりますか。

式

答え（　　　　）

できたシール〈小数を用いた倍〉

2 お米が大きいふくろに 8kg，小さいふくろに 5kg 入っています。大きいふくろのお米の重さは，小さいふくろのお米の重さの何倍ですか。

式

答え（　　　　）

できたシール〈順《じゅん》にもどしてねだんを求《もと》める文章題〉

3 同じねだんのえん筆を 3 本と 120 円のノートを 1 さつ買ったら，全部で 300 円でした。えん筆 1 本のねだんは何円ですか。

式

答え（　　　　）

できたシール〈順《じゅん》にもどしてはじめの数を求《もと》める文章題〉

4 なつきさんたち姉妹 3 人は，色紙を同じ数ずつ分けました。その後，なつきさんは，お姉さんから 2 まいもらったので，なつきさんの色紙の数は 6 まいになりました。はじめに色紙は何まいありましたか。

式

答え（　　　　）

できたシール〈何倍になるかを考えて求《もと》める文章題〉

5 赤いおはじきの数は 32 こで，黄色いおはじきの数の 4 倍です。黄色いおはじきの数は，青いおはじきの数の 2 倍です。青いおはじきの数は何こですか。

式

答え（　　　　）

31回 いろいろな問題(1)

学習日 月 日

合かくシール
全問正かいにできたら合かくシールをはろう！

できたシール 〈同じものをひいて求《もと》める文章題〉

1 こうきさんは，消しゴム 1 ことノート 1 さつを買って 140 円はらいました。あかりさんは，同じ消しゴム 1 ことノート 2 さつを買って 240 円はらいました。ノート 1 さつのねだんは何円ですか。

式

答え（　　　　）

できたシール 〈多い数をひいて求《もと》める文章題〉

2 りんごとみかんがあわせて 15 こあります。みかんは，りんごより 1 こ多いそうです。りんごは何こありますか。

式

答え（　　　　）

できたシール 〈同じものに目をつける文章題〉

3 いつきさんは，消しゴム 1 ことえん筆 1 本を買って 110 円はらいました。さくらさんは，同じ消しゴム 1 ことえん筆 3 本を買って 250 円はらいました。消しゴム 1 ことえん筆 1 本のねだんは，それぞれ何円ですか。

式

答え（　　　　）

できたシール 〈ちがいに目をつける文章題〉

4 赤い色紙と青い色紙があわせて 24 まいあります。青い色紙は，赤い色紙より 6 まい多いそうです。赤い色紙と青い色紙はそれぞれ何まいありますか。

式

答え（　　　　）

できたシール 〈同じになる数を考える文章題〉

5 どんぐりをはるきさんは 15 こ，弟は 11 こ持っています。はるきさんが弟に何こあげると，2 人のどんぐりの数が同じになりますか。

式

答え（　　　　）

1つの式でとく問題

学習日　月　日

合かくシール
全問正かいにできたら合かくシールをはろう！

できたシール　〈たし算とかけ算の文章題〉

1 70円のえん筆1本と1こ30円の消しゴムを4こ買いました。代金は全部で何円になりますか。1つの式に表し，答えを求《もと》めましょう。

式

答え（　　　　）

できたシール　〈ひき算とわり算の文章題〉

2 ゆいさんは500円持っています。今日，お姉さんと2人で代金の半分ずつを出しあって，460円のざっしを1さつ買いました。ゆいさんの残《のこ》りのお金は何円ですか。1つの式に表し，答えを求《もと》めましょう。

式

答え（　　　　）

できたシール　〈かけ算とひき算の文章題〉

3 1こ150円のりんごを2こ，1こ40円のみかんを5こ買いました。買ったりんごの代金は，みかんの代金より何円高いですか。1つの式に表し，答えを求《もと》めましょう。

式

答え（　　　　）

できたシール　〈（　）とかけ算の文章題〉

4 50円切手と80円切手を，それぞれ5まいずつ買いました。代金は全部で何円ですか。（　）を使って1つの式に表し，答えを求《もと》めましょう。

式

答え（　　　　）

できたシール　〈（　）とわり算の文章題〉

5 1本85円のえん筆を5円安くして売っています。400円では何本のえん筆を買うことができますか。（　　）を使って1つの式に表し，答えを求《もと》めましょう。

式

答え（　　　　）

できなかったところは、もう一度やってみましょう。正しく直せたら**できたシール**をはりましょう。

わり算(2)

学習日　月　日

合かくシール
全問正かいにできたら合かくシールをはろう！

できたシール 〈文章から何倍かを求《もと》める式をつくる〉

1 みかんが 96 こ，りんごが 8 こあります。みかんの数は，りんごの数の何倍あるかを求《もと》める次の式の□にあてはまる数を書きましょう。

□ ÷ □

できたシール 〈文章から何倍を使ってわり算の式をつくる〉

2 赤い花の数は，白い花の数の 3 倍で 45 本さいています。白い花の数を求《もと》める次の式の□にあてはまる数を書きましょう。

□ ÷ □

できたシール 〈2 けたの数でわる，何倍かを求《もと》める文章題〉

3 子どもが 72 人，大人が 18 人います。子どもの人数は，大人の人数の何倍ですか。

式

答え（　　　）

できたシール 〈何倍でわる文章題〉

4 物語の本のねだんは，ざっしのねだんの 4 倍で 960 円です。ざっしのねだんは何円ですか。

式

答え（　　　）

できたシール 〈かん単《たん》なわり合を求《もと》める文章題〉

5 黒いばねと白いばねがあります。黒いばねは，10cm が 30cm までのびます。白いばねは，5cm が 20cm までのびます。どちらがよくのびるばねといえますか。

式

答え（　　　）

28回 わり算(1)

学習日　月　日

合かくシール
全問正かいにできたら合かくシールをはろう！

できたシール 〈文章からわり算の式をつくる〉

1 色紙が 52 まいあります。これを 4 人で同じ数ずつ分けます。1 人分は何まいになるかを求《もと》める次の式の□にあてはまる数を書きましょう。

□ ÷ □

できたシール 〈1 けたの数でわる文章題〉

2 あめが 72 こあります。これを 6 人で同じ数ずつ分けると，1 人分は何こになりますか。

式

答え（　　　　）

できたシール 〈2 けたの数でわる文章題〉

3 りんごが 108 こあります。これを 12 こずつ箱に入れます。12 こ入りの箱は何箱できますか。

式

答え（　　　　）

できたシール 〈あまりの出るわり算の文章題〉

4 えん筆が 50 本あります。これを 1 人に 4 本ずつ分けると，何人に分けられますか。また，何本あまりますか。

式

答え（　　　　　　　　）

できたシール 〈あまりの分をふやして答えるわり算の文章題〉

5 300 この荷物を 1 回に 18 こずつトラックにのせて運びます。全部の荷物を運び終わるには何回運べばよいですか。

式

答え（　　　　）

できなかったところは、もう一度やってみましょう。正しく直せたら**できたシール**をはりましょう。

27回 がい数の問題

学習日　月　日

合かくシール
全問正かいにできたら合かくシールをはろう！

できたシール　〈和の見《み》積《つ》もり〉

1 ゆうとさんの市にある野球場の2日間の入場者数は，右の表のようでした。この2日間の入場者数をあわせると，約《やく》何万何千人といえますか。

4日	22653人
5日	19348人

式

答え（　　　　）

できたシール　〈切り上げる和の見《み》積《つ》もり〉

2 右のような買い物をしようと思います。1000円で買えるでしょうか。十の位《くらい》の数を切り上げて計算して答えましょう。

画用紙	280円
のり	240円
はさみ	390円

式

答え（　　　　）

できたシール　〈差《さ》の見《み》積《つ》もり〉

3 ゆうなさんの市の人口は，男の人が25932人，女の人が28169人です。ゆうなさんの市の男の人と女の人の人数のちがいは，約《やく》何千人といえますか。

式

答え（　　　　）

できたシール　〈積《せき》の見《み》積《つ》もり〉

4 1この重さが374kgの荷物が52こあります。この荷物全部の重さは約《やく》何kgになりますか。かけられる数とかける数を上から1けたのがい数にして，積《せき》を見《み》積《つ》もりましょう。

式

答え（　　　　）

できたシール　〈商の見《み》積《つ》もり〉

5 4年1組で遠足に行きました。バス代は全部で76050円でした。これを39人で同じように分けて出すと，1人分は約《やく》何円になりますか。わられる数とわる数を上から1けたのがい数にして，商を見《み》積《つ》もりましょう。

式

答え（　　　　）

26回 計算のきまり

学習日　月　日

合かくシール
全問正かいにできたら合かくシールをはろう！

できたシール〈×，÷のまじった計算〉

1 次の計算をしましょう。

① $16\times5\div4=$

② $72\div6\times8=$

できたシール〈（　）を使った式の計算〉

2 次の計算をしましょう。

① $1000-(600+50)$

$=$

② $250-(100-40)$

$=$

③ $8\times(15+25)$

$=$

④ $60\div(13-9)$

$=$

できたシール〈＋，－，×，÷のまじった計算〉

3 次の計算をしましょう。

① $100-6\times4$

$=$

② $25+72\div8$

$=$

③ $4\times15-80\div5$

$=$

できたシール〈計算のきまり〉

4 次の□にあてはまる数を書きましょう。

① $6\times25=25\times$ □

② $18\times25\times4$

$=18\times($ □ $\times4)$

③ $14\times9+16\times9$

$=(14+16)\times$ □

④ $(30-2)\times7$

$=30\times$ □ $-2\times$ □

できたシール〈くふうした計算〉

5 次の□にあてはまる数を書きましょう。

① $37\times4\times25$

$=37\times$ □ $=$ □

② $2.1\times0.5\times6$

$=2.1\times$ □ $=$ □

③ $46\times7+14\times7$

$=(46+14)\times$ □ $=$ □

④ $8.3\times6-8.3\times4$

$=$ □ $\times(6-4)=$ □

できなかったところは、もう一度やってみましょう。正しく直せたら**できたシール**をはりましょう。

25回 変《か》わり方

学習日　月　日

合かくシール
全問正かいにできたら合かくシールをはろう！

できたシール 〈和が一定の関係《かんけい》〉

1 16このおはじきを，姉と妹の2人に分けます。

① 下の表のあいているところに，あてはまる数を書きましょう。

姉のおはじきの数(□こ)	1	2	3	4	5	6	7
妹のおはじきの数(○こ)	15	14	13				

② 姉のおはじきの数が1こふえると，妹のおはじきの数は何こへりますか。

(　　　　)

③ 姉と妹のおはじきの数の和は，いつも何こになっていますか。

(　　　　)

④ 姉のおはじきの数を□こ，妹のおはじきの数を○ことして，□と○の関《かん》係《けい》を式に表しましょう。

(　　　　　　)

⑤ 姉のおはじきの数が9このとき，妹のおはじきの数は何こになりますか。

(　　　　)

できたシール 〈商が一定の関係《かんけい》〉

2 1辺《ぺん》が1cmの正方形を，下の図のようにならべていきます。このときできる形のいちばん下のだんの正方形の数とまわりの長さについて調べます。

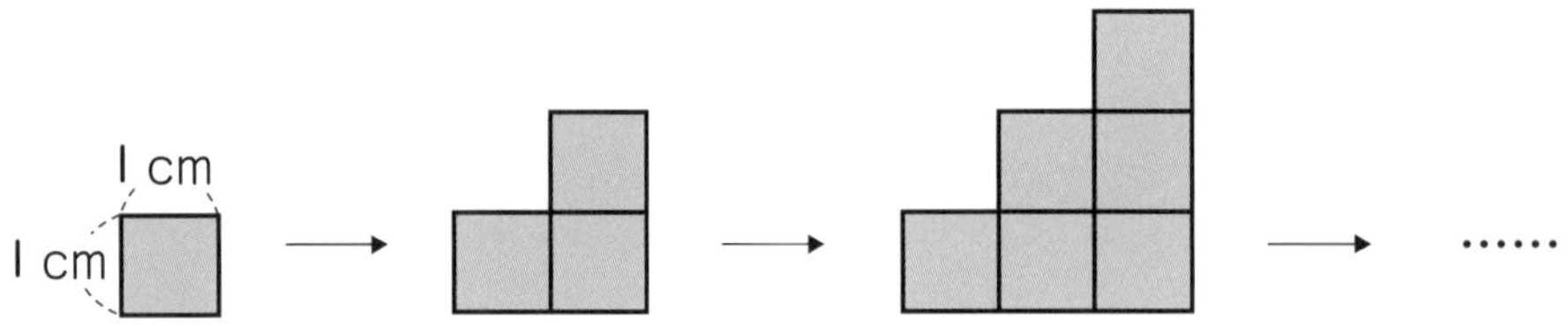

① 下の表のあいているところに，あてはまる数を書きましょう。

下のだんの正方形の数(□こ)	1	2	3	4	5	6
まわりの長さ(○cm)	4	8				

② いちばん下のだんの正方形の数を□こ，まわりの長さを○cmとして，□と○の関係《かんけい》を式に表しましょう。

(　　　　　　)

③ いちばん下のだんの正方形の数が8このとき，まわりの長さは何cmになりますか。

(　　　　)

24回 しりょうの整理

できたシール 〈表の見方〉

1 そうたさんの組の人が，６月に読んだ本と読んだ場所を調べて，右の表に整理しました。

読んだ本と場所調べ(6月)　（人）

場所＼本	物語	童話	合計
図書館	4	7	11
自分の家	6	2	8
学校	3	1	4
合計	13	10	23

① 図書館で童話を読んだ人は何人ですか。
（　　　　）

② 学校で物語を読んだ人は何人ですか。
（　　　　）

③ 自分の家で本を読んだ人は全部で何人ですか。
（　　　　）

④ 物語を読んだ人は全部で何人ですか。
（　　　　）

できたシール 〈表に整理する〉

2 右の表は，ひまりさんの学校でのけがの種類《しゅるい》とけがをした場所について調べたものです。

① けがの種類《しゅるい》と，けがをした場所で分けて，人数を下の表に書きましょう。

② けがの種類《しゅるい》で，いちばん多かったのは何ですか。
（　　　　）

③ けがをした場所で，いちばん多かったのはどこですか。
（　　　　）

けがの種類《しゅるい》と場所

番号	けがの種類《しゅるい》	場所	番号	けがの種類《しゅるい》	場所
❶	打ぼく	教室	⓫	切りきず	ろうか
❷	すりきず	校庭	⓬	ねんざ	教室
❸	切りきず	体育館	⓭	打ぼく	体育館
❹	ねんざ	校庭	⓮	切りきず	校庭
❺	切りきず	教室	⓯	打ぼく	ろうか
❻	切りきず	校庭	⓰	ねんざ	校庭
❼	打ぼく	ろうか	⓱	切りきず	教室
❽	ねんざ	体育館	⓲	すりきず	体育館
❾	すりきず	ろうか	⓳	打ぼく	教室
❿	切りきず	校庭	⓴	切りきず	体育館

けがの種類《しゅるい》と場所　（人）

	教室	校庭	体育館	ろうか	合計
打ぼく					
切りきず					
すりきず					
ねんざ					
合計					

折《お》れ線グラフ

できたシール　〈折《お》れ線グラフの読み方〉

1 ある日の気温を調べて，右の折《お》れ線グラフに表しました。

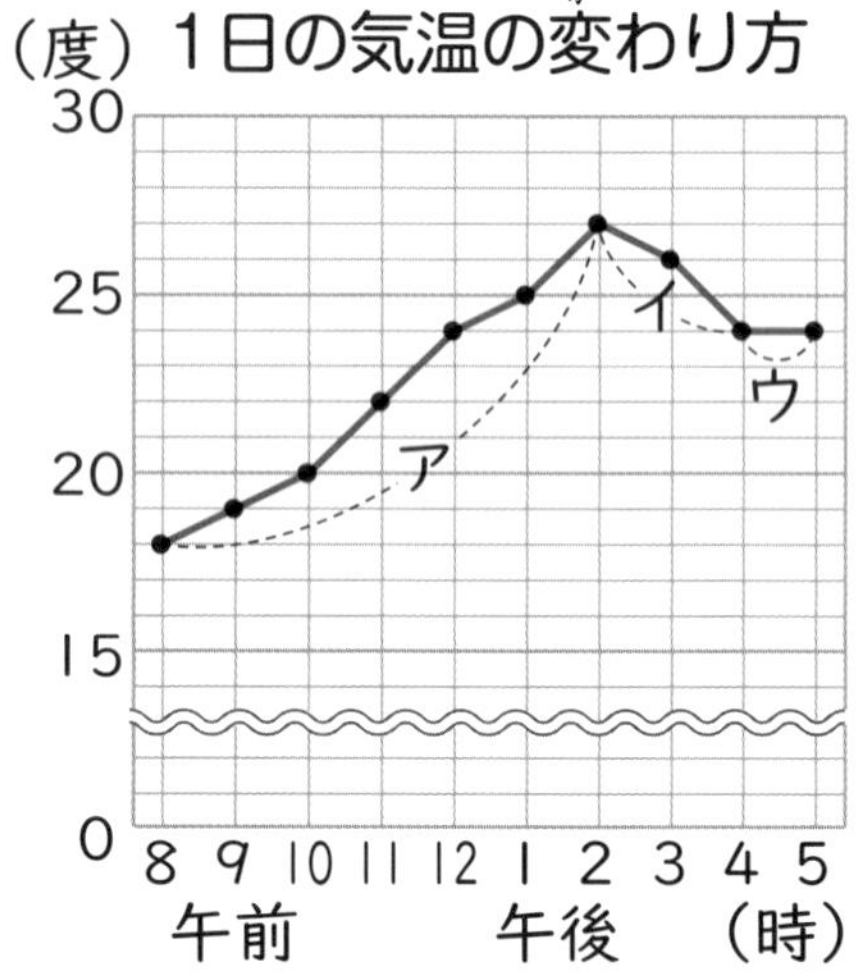

① 折《お》れ線グラフの横とたてのじくは，それぞれ何を表していますか。

横（　　　　　）

たて（　　　　　）

② たてのじく1目もりは何度を表していますか。

（　　　　　）

③ 午前11時の気温は何度ですか。

（　　　　　）

④ 次のような気温の変《か》わり方をしめしているのは，グラフの**ア**～**ウ**のどの部分ですか。（　）に記号を書きましょう。

あ 変《か》わらない　　い ふえる（上がる）　　う へる（下がる）

（　　）　　（　　）　　（　　）

できたシール　〈折《お》れ線グラフのかき方〉

2 下の表は，はるとさんがかぜをひいた日の体温を調べたものです。

はるとさんの体温

時こく（時）	午前8	10	12	午後2	4	6
体温（度）	37.4	37.8	38.4	38.1	37.8	37.2

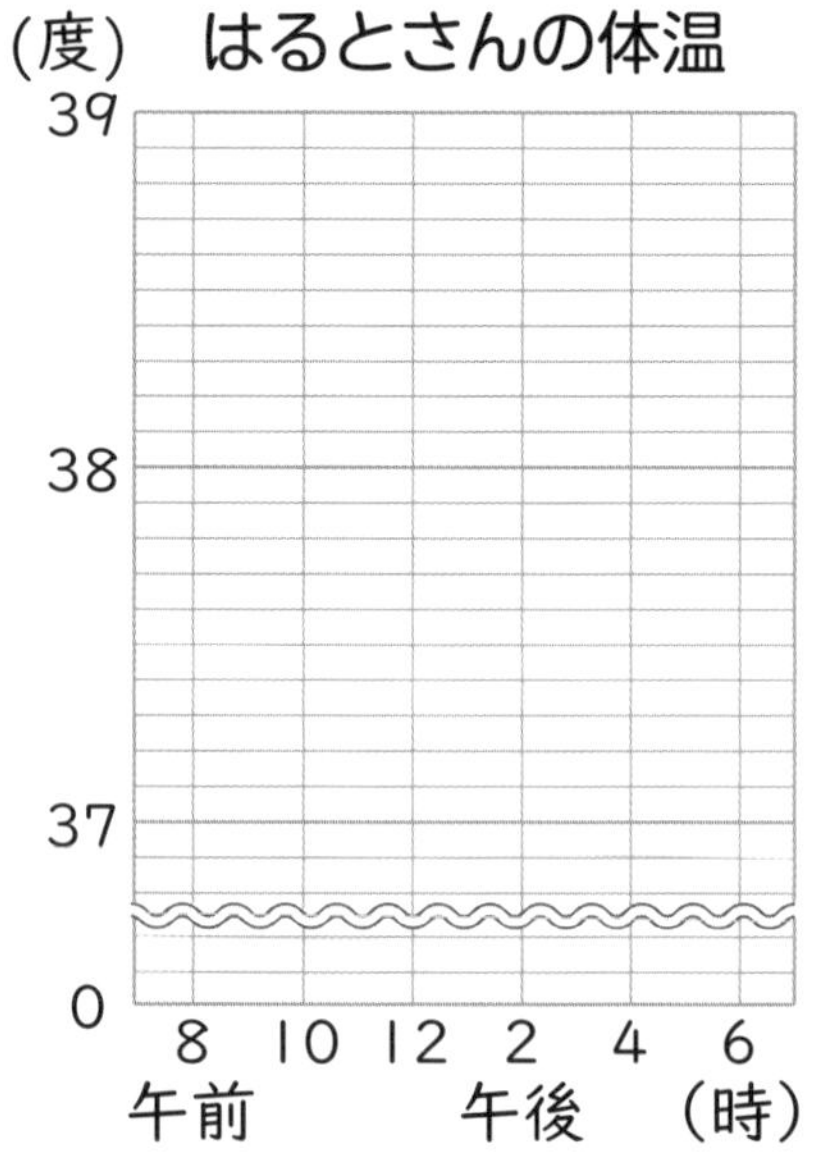

① 右に折《お》れ線グラフをかきましょう。

② 午前8時から午前10時までに，体温は何度上がりましたか。

（　　　　　）

③ 体温の下がり方がいちばん大きかったのは，何時から何時の間ですか。

（　　　　　）

立体(2)

できたシール　〈辺《へん》と辺《へん》の垂直《すいちょく》・平行〉

1 右の直方体について，次の問題に答えましょう。

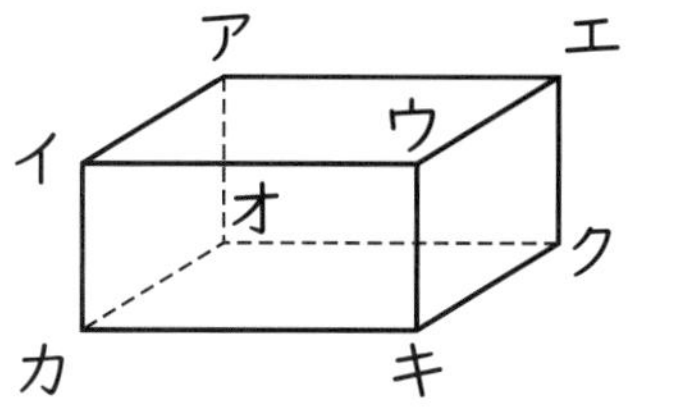

① 点アを通って，辺《へん》アイと垂直《すいちょく》に交わる辺《へん》はどれですか。全部書きましょう。

（　　　　　）

② 辺《へん》ウエに垂直《すいちょく》な辺《へん》を全部書きましょう。

（　　　　　）

③ 辺《へん》イカに平行な辺《へん》を全部書きましょう。

（　　　　　）

できたシール　〈面と辺《へん》，面と面の垂直《すいちょく》・平行〉

2 右の直方体について，次の問題に答えましょう。

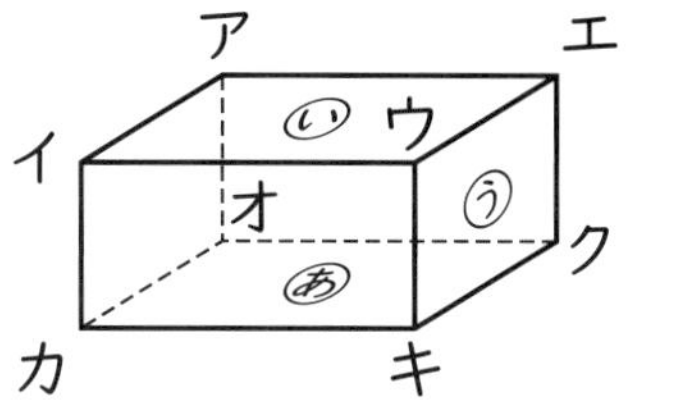

① 面(あ)に垂直《すいちょく》な辺《へん》を全部書きましょう。

（　　　　　）

② 面(あ)に平行な辺《へん》を全部書きましょう。

（　　　　　）

③ 面(あ)と面(い)は垂直《すいちょく》ですか，平行ですか。（　　　　　）

④ 面(あ)と面(う)は垂直《すいちょく》ですか，平行ですか。（　　　　　）

できたシール　〈空間での位置《いち》の表し方〉

3 右の直方体で，頂点《ちょうてん》アをもとにすると，頂点《ちょうてん》ウの位置《いち》は，次のように表します。

(横 6cm，たて 4cm，高さ 0cm)

このとき，(横 0cm，たて 4cm，高さ 3cm)の位《い》置《ち》にあたる頂点《ちょうてん》はどれですか。

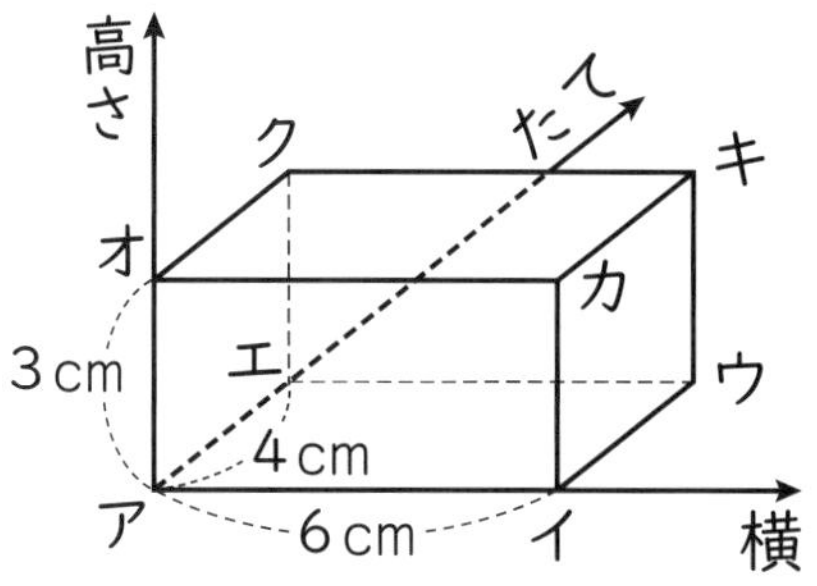

（　　　　　）

21回 立体(1)

学習日　月　日

合かくシール
全問正かいにできたら合かくシールをはろう！

できたシール〈直方体と立方体を見分ける〉

1 下の図の立体のうち，直方体はどれですか。また，立方体はどれですか。あてはまるものを全部選《えら》んで，記号で答えましょう。

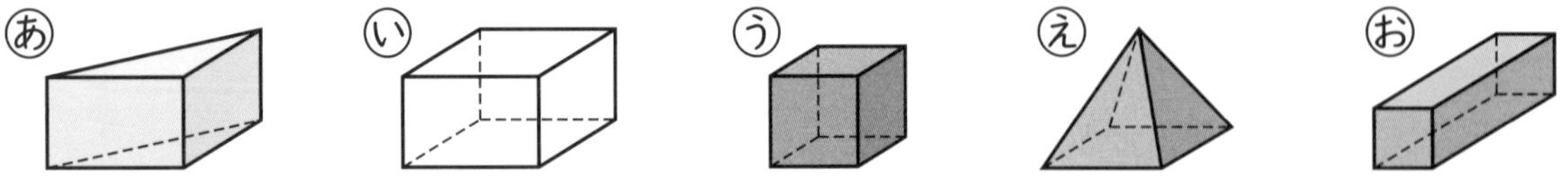

直方体（　　　　）　立方体（　　　　）

できたシール〈直方体や立方体の面，辺《へん》，頂点《ちょうてん》の数〉

2 直方体や立方体の面の数や辺《へん》の数，頂点《ちょうてん》の数を，下の表に書きましょう。

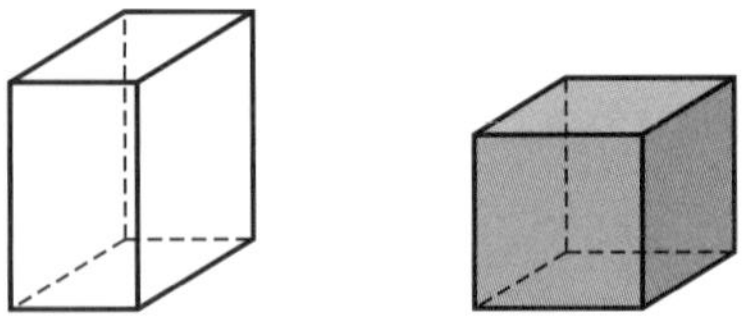

	直方体	立方体
面の数		
辺《へん》の数		
頂点《ちょうてん》の数		

できたシール〈てん開図〉

3 次のてん開図を組み立てたとき，立方体ができるものはどれですか。全部選《えら》んで，記号で答えましょう。

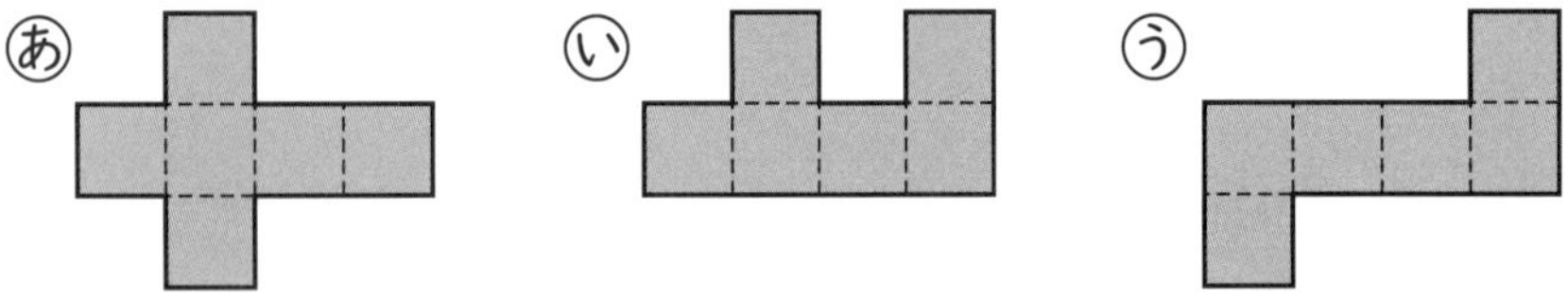

（　　　　）

できたシール〈見取図とてん開図〉

4 右のてん開図を組み立てると，下のような直方体ができます。次の問題に答えましょう。

① 辺《へん》アイの長さは何 cm ですか。（　　　　）

② 辺《へん》ウエの長さは何 cm ですか。（　　　　）

③ 辺《へん》アセと重なる辺《へん》はどの辺《へん》ですか。（　　　　）

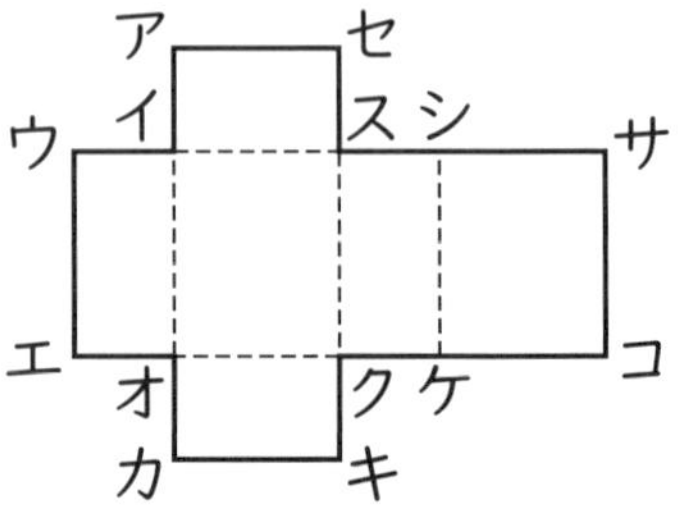

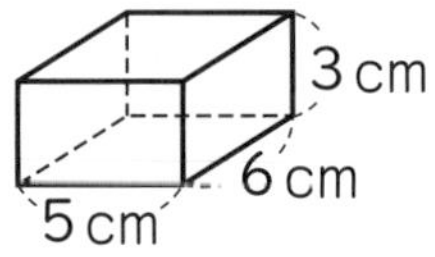

四角形(2)

学習日　月　日

合かくシール　全問正かいにできたら合かくシールをはろう！

できたシール　〈平行四辺形《へいこうしへんけい》のせいしつ〉

1 右の図のような平行《へいこう》四《し》辺形《へんけい》について，次の問題に答えましょう。

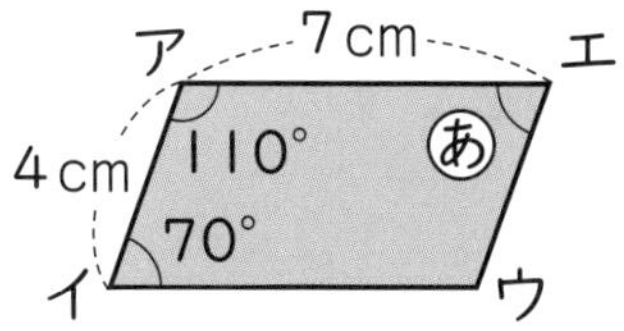

① 辺《へん》イウの長さは何cmですか。　(　　　　)

② 角㋐の大きさは何度ですか。　(　　　　)

できたシール　〈四角形の向かいあった頂点《ちょうてん》を結《むす》んだ直線〉

2 右の図のように，四角形の向かいあった頂点《ちょうてん》を結《むす》んだ直線アウ，直線イエを何といいますか。

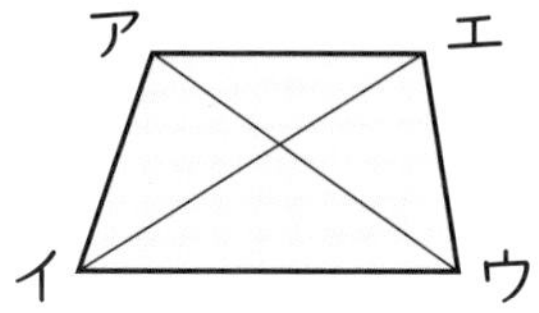

(　　　　)

できたシール　〈対角線を使ってできる四角形〉

3 次の図で，2本の直線を対角線として四角形をかくと，何という四角形ができますか。

①
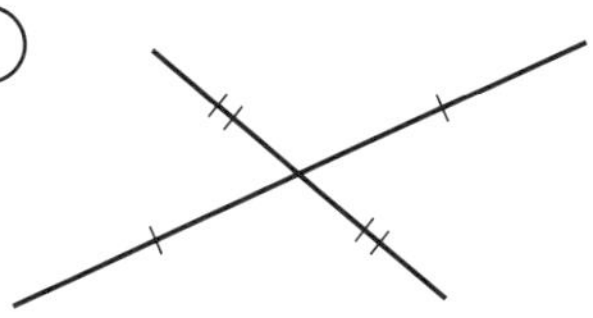
(　　　　)

②
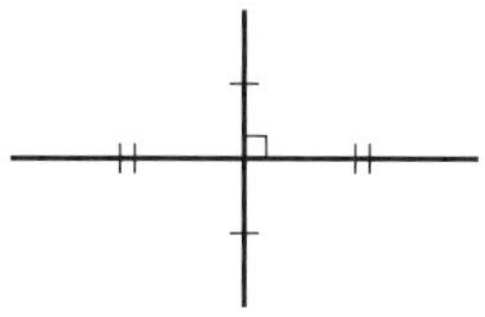
(　　　　)

できたシール　〈せいしつで四角形を分ける〉

4 下の図の四角形について，次の問題に㋐～㋔の記号で全部答えましょう。

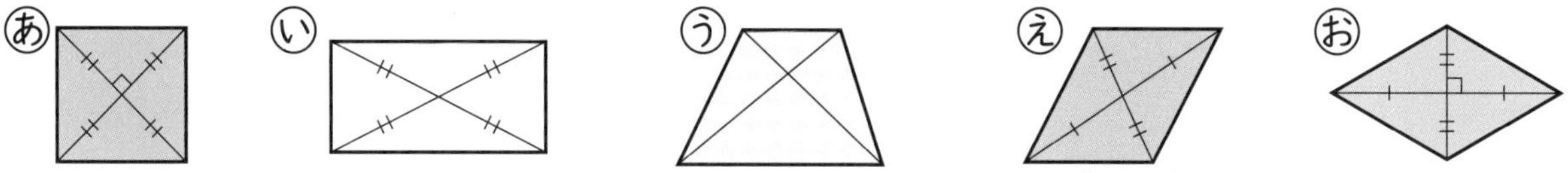

正方形　長方形　台形　平行《へいこう》四《し》辺形《へんけい》　ひし形

① 向かいあった2組の辺《へん》がそれぞれ平行になっている四角形はどれですか。　(　　　　)

② 4つの辺《へん》の長さがどれも等しい四角形はどれですか。　(　　　　)

③ 2本の対角線の長さが等しい四角形はどれですか。　(　　　　)

④ 2本の対角線がそれぞれの真ん中の点で，垂直《すいちょく》に交わる四角形はどれですか。　(　　　　)

できなかったところは、もう一度やってみましょう。正しく直せたら**できたシール**をはりましょう。

四角形(1)

できたシール〈台形〉

1 右の四角形は台形です。平行な辺《へん》は，どの辺《へん》とどの辺《へん》ですか。

（辺《へん》　　）と（辺《へん》　　）

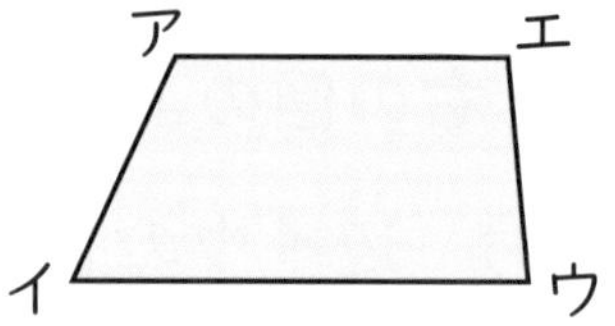

できたシール〈平行《へいこう》四《し》辺形《へんけい》〉

2 右の四角形は平行《へいこう》四《し》辺形《へんけい》です。次の問題に答えましょう。

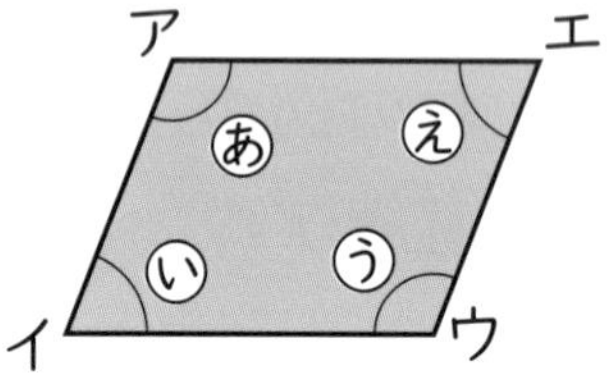

① 平行な辺《へん》は，どの辺《へん》とどの辺《へん》ですか。全部書きましょう。

（辺《へん》　　）と（辺《へん》　　）
（辺《へん》　　）と（辺《へん》　　）

② 辺《へん》アエと長さの等しい辺《へん》はどれですか。（　　）

③ 角㋐と等しい大きさの角はどれですか。（　　）

できたシール〈ひし形〉

3 右の四角形はひし形です。次の問題に答えましょう。

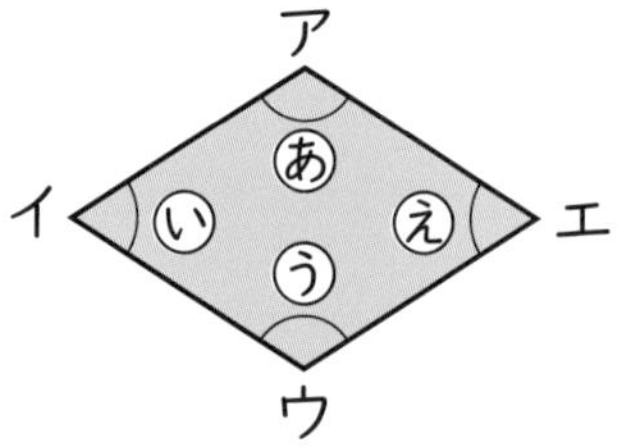

① ４つの辺《へん》の長さは等しいですか，等しくないですか。（　　）

② 辺《へん》アイに平行な辺《へん》はどれですか。（　　）

③ 角㋐と等しい大きさの角はどれですか。（　　）

できたシール〈平行《へいこう》四《し》辺形《へんけい》をかく〉

4 右の方がんに，辺《へん》アイ，辺《へん》イウを２つの辺《へん》とする平行《へいこう》四《し》辺形《へんけい》をかきましょう。

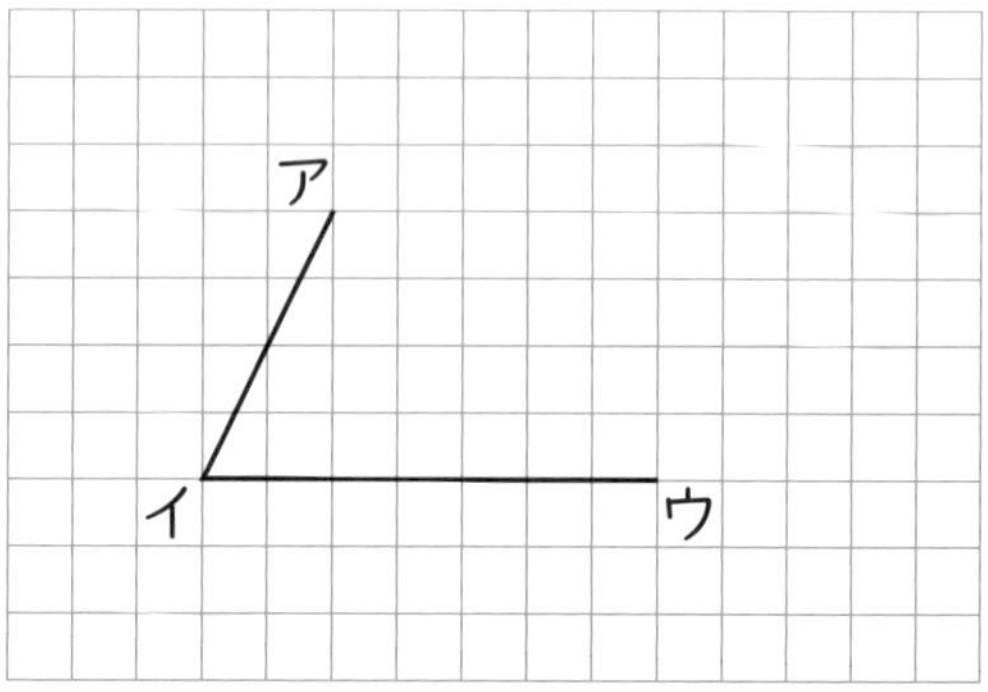

垂直《すいちょく》と平行

学習日　月　日

合かくシール
全問正かいにできたら合かくシールをはろう！

できたシール〈垂直《すいちょく》と平行〉

1 次の２本の直線の関係《かんけい》を，□の中から選《えら》び，記号で答えましょう。

① 90°に交わる２本の直線アとイ（　　　）

② １本の直線オに垂直《すいちょく》な２本の直線ウとエ（　　　）

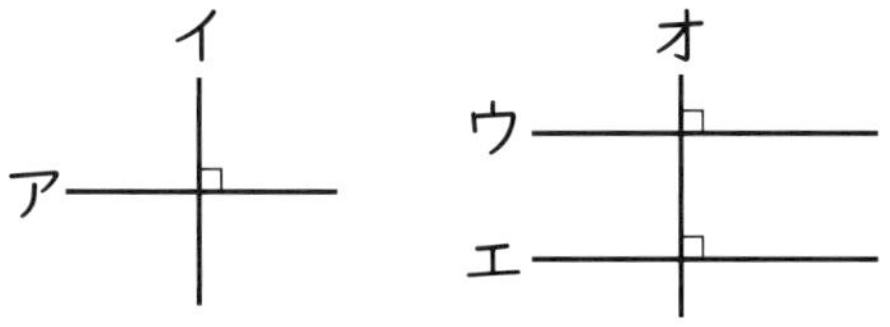

(あ)垂直《すいちょく》　(い)平行

できたシール〈垂直《すいちょく》・平行な直線〉

2 右の図のようなア～オの直線があります。

① 直線アに垂直《すいちょく》な直線はどれですか。（　　　）

② 直線イに平行な直線はどれですか。（　　　）

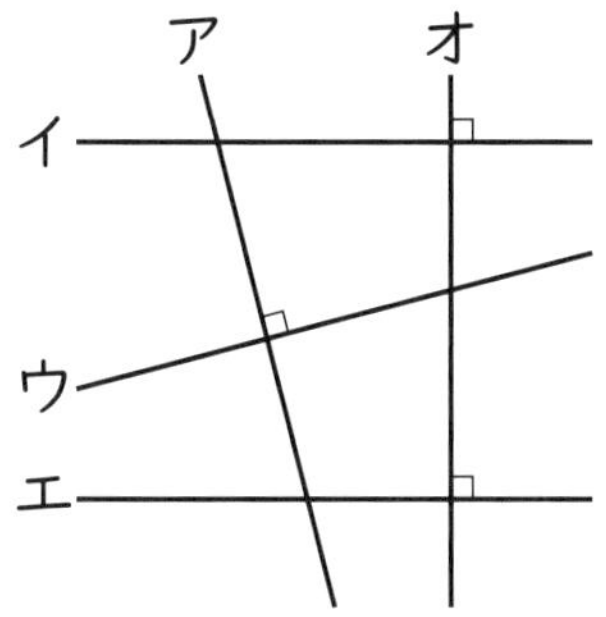

できたシール〈平行な直線と交わる直線とでつくる角度〉

3 右の図のように，平行な直線ア，イに直線ウが交わっています。

① (あ)の角度は何度ですか。（　　　）

② (い)の角度は何度ですか。（　　　）

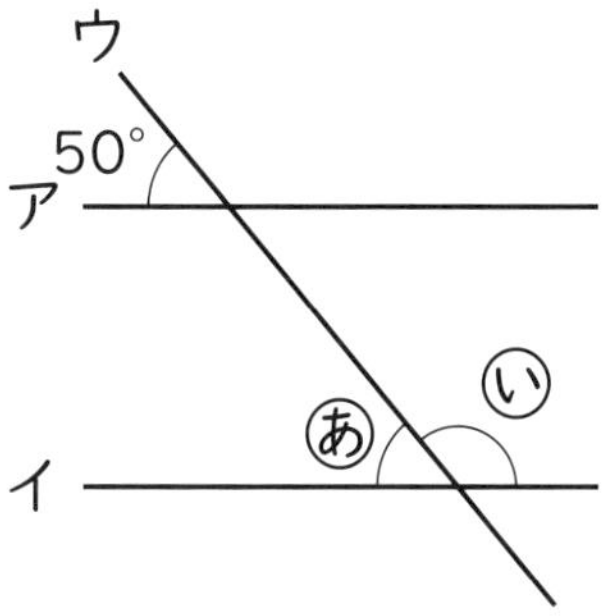

できたシール〈垂直《すいちょく》・平行な直線をかく〉

4 右の方がんに，次の直線をかきましょう。

① 点アを通って，直線(ウ)に垂直《すいちょく》な直線

② 点イを通って，直線(ウ)に平行な直線

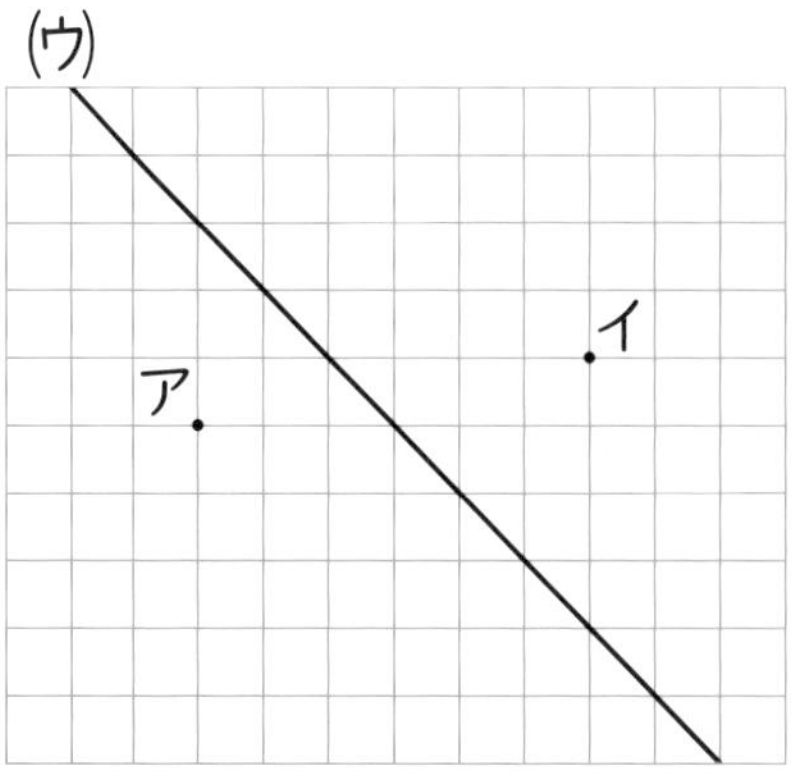

面積《めんせき》(2)

学習日　月　日

合かくシール
全問正かいにできたら合かくシールをはろう！

できたシール 〈長方形や正方形の面積《めんせき》(km^2)〉

1 次の長方形や正方形の面積《めんせき》は何 km^2 ですか。

① たてが 7km，横が 6km の長方形

式

答え（　　　　）

② 1 辺《ぺん》が 12km の正方形

式

答え（　　　　）

できたシール 〈面積《めんせき》の単位《たんい》の関係《かんけい》〉

2 次の□にあてはまる数を書きましょう。

① $1m^2$＝□ cm^2　② $1m^2$ —□倍→ 1a —□倍→ 1ha

③ 1ha＝□ a　④ $1km^2$＝□ m^2＝□ ha

できたシール 〈面積《めんせき》から辺《へん》の長さを求《もと》める〉

3 右の図のような長方形をかこうと思います。たての長さを 6cm にすると，横の長さは何 cm にすればよいですか。

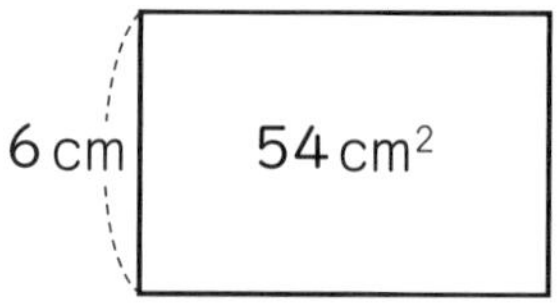

式

答え（　　　　）

できたシール 〈いろいろな形の面積《めんせき》〉

4 次の図で，□の部分の面積《めんせき》を求《もと》めましょう。

①

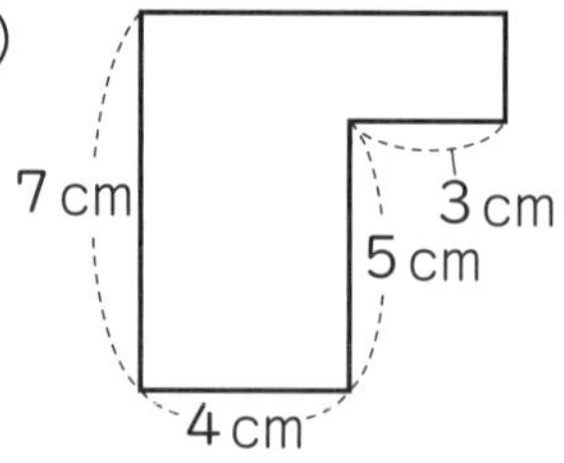

式

答え（　　　　）

②

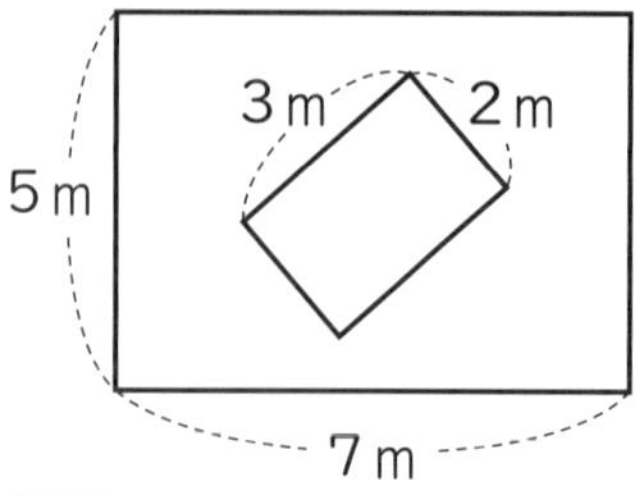

式

答え（　　　　）

16回 面積《めんせき》(1)

学習日　月　日

合かくシール
全問正かいにできたら合かくシールをはろう！

できたシール 〈面積《めんせき》の単位《たんい》〉

1 1辺《ぺん》が1cmの正方形を使って，下のような形をつくりました。それぞれの面積《めんせき》は何 cm^2 ですか。

① 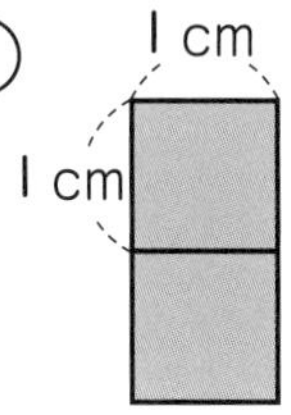

(　　　　　　)

② 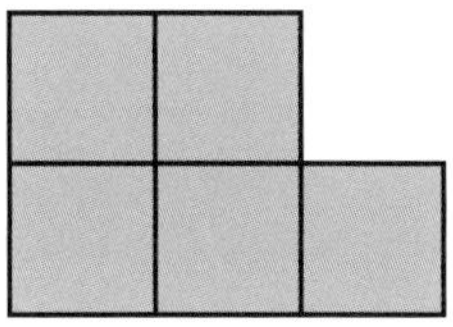

(　　　　　　)

できたシール 〈長さと単位《たんい》〉

2 次の□にあてはまる面積《めんせき》の単位《たんい》を書きましょう。

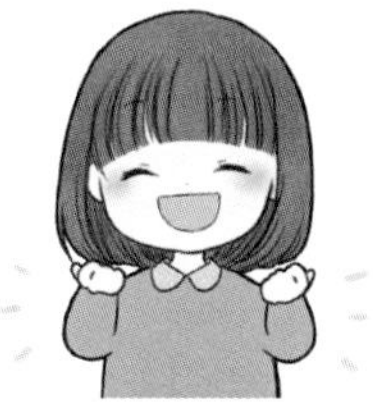

① 1辺《ぺん》が1cmの正方形の面積《めんせき》は，1□です。

② 1辺《ぺん》が1mの正方形の面積《めんせき》は，1□です。

③ 1辺《ぺん》が1kmの正方形の面積《めんせき》は，1□です。

できたシール 〈長方形や正方形の面積《めんせき》(cm^2)〉

3 次の長方形や正方形の面積《めんせき》は何 cm^2 ですか。

① 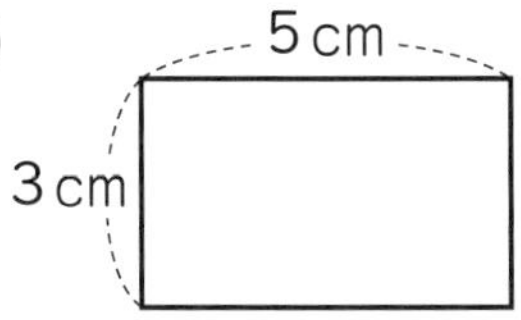

式

答え(　　　　　　)

② 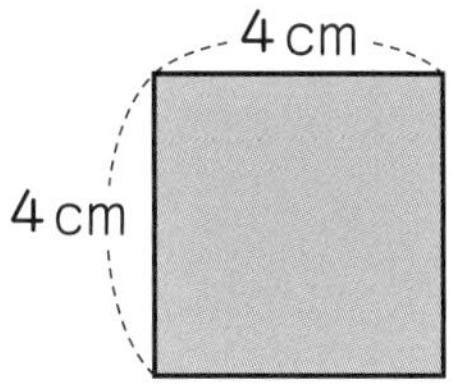

式

答え(　　　　　　)

できたシール 〈長方形や正方形の面積《めんせき》(m^2)〉

4 次の長方形や正方形の面積《めんせき》は何 m^2 ですか。

① 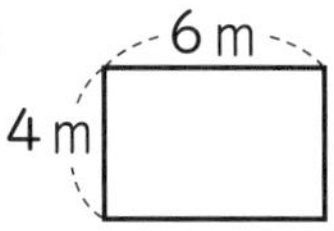

式

答え(　　　　　　)

② 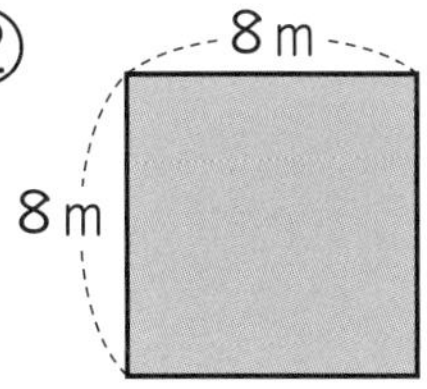

式

答え(　　　　　　)

できなかったところは、もう一度やってみましょう。正しく直せたら**できたシール**をはりましょう。

算数

図形

15回 角の大きさ

学習日　月　日

合かくシール　全問正かいにできたら合かくシールをはろう！

できたシール〈角の大きさ〉

1 次の□にあてはまる数を書きましょう。

① 1直角＝□°
（直角1つ分）

② 半回転の角度は，2直角＝□°
（直角2つ分）

できたシール〈三角じょうぎの角の大きさ〉

2 三角じょうぎの角の大きさを□に書きましょう。

①

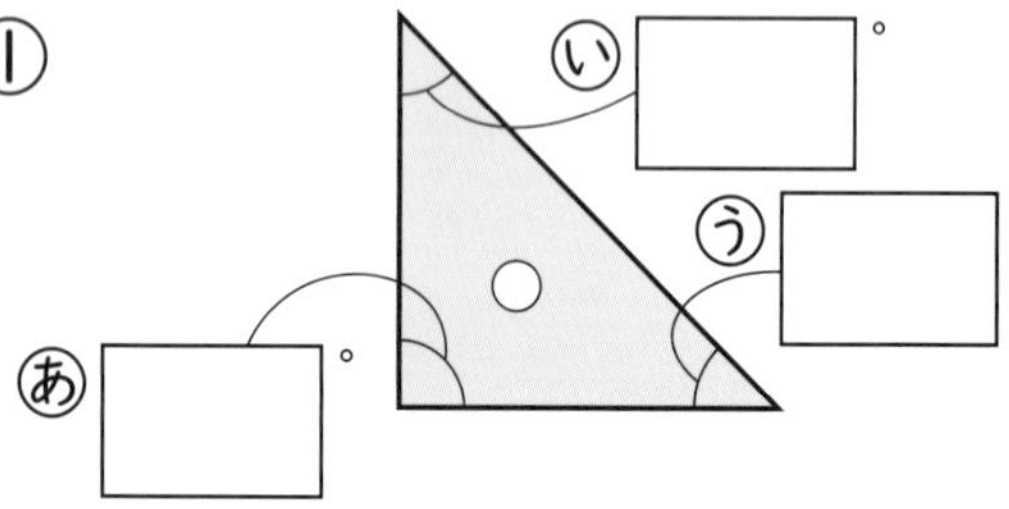

②

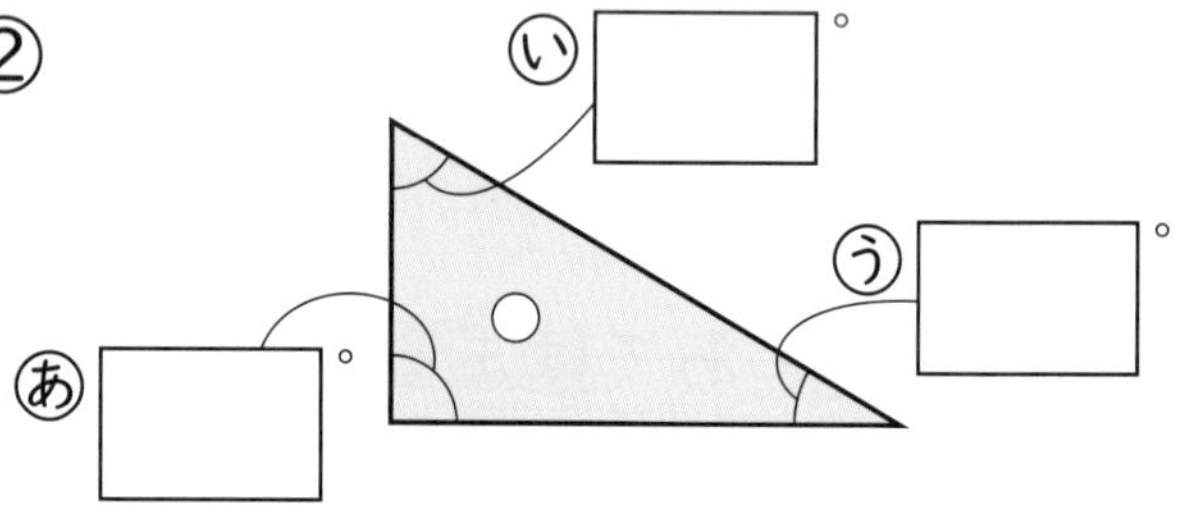

できたシール〈角度のはかり方〉

3 分度器《ぶんどき》を使って，次のあの角度をはかり，（　）に書きましょう。

①

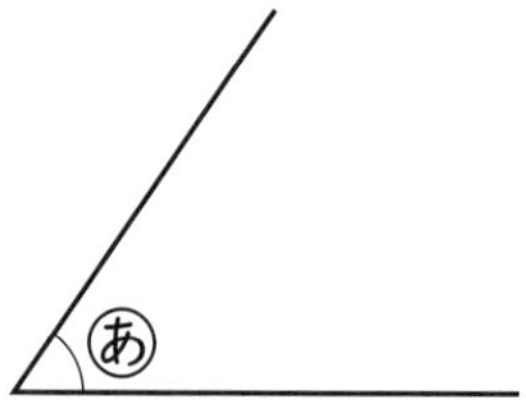

（　　　　）

②

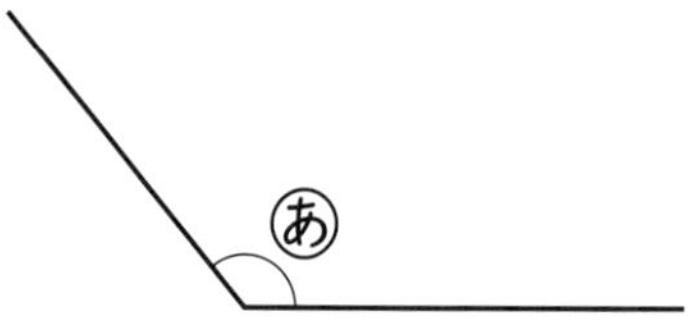

（　　　　）

③

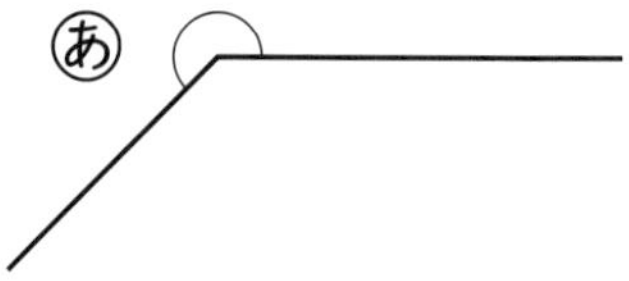

（　　　　）

できたシール〈角のかき方〉

4 分度器《ぶんどき》を使い，次の大きさの角を点アを中心にしてかきましょう。

① 75°

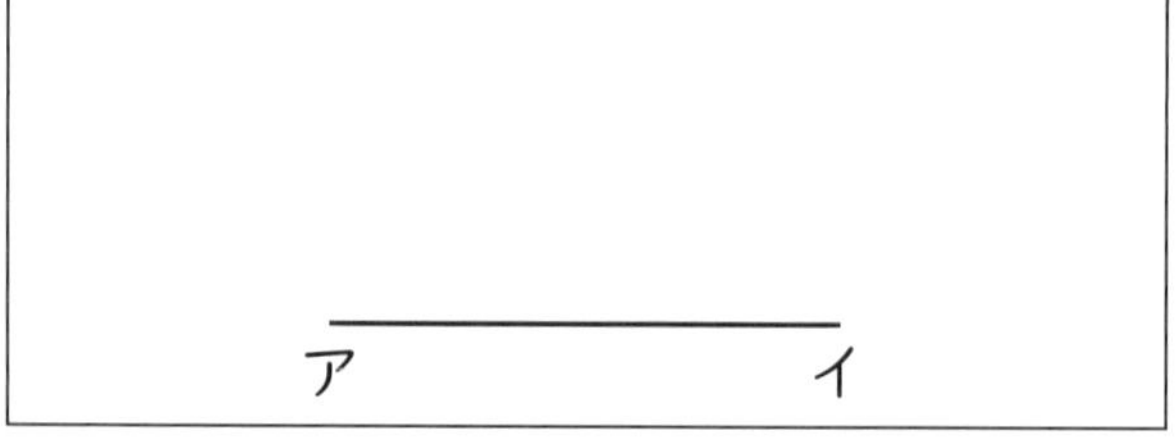

② 240°

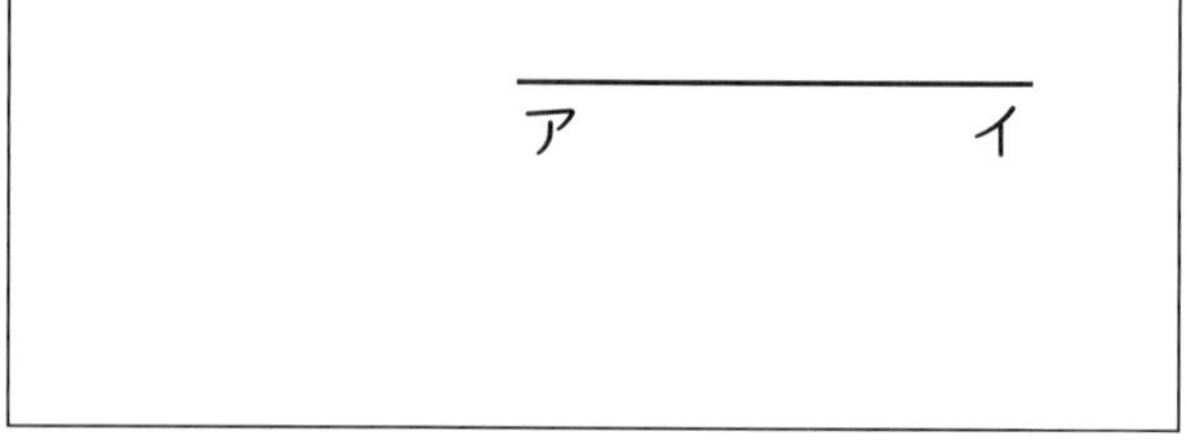

できたシール〈2つの直線が交わってできる角の大きさ〉

5 右の図のあといの角度は，それぞれ何度ですか。

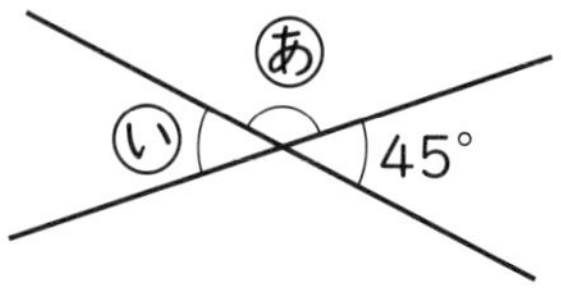

あ（　　　　）　い（　　　　）

14回 分数のたし算・ひき算

学習日 月 日

合かくシール
全問正かいにできたら合かくシールをはろう！

できたシール 〈和が真分数になる真分数のたし算〉

1 次の計算をしましょう。

① $\frac{1}{5}+\frac{2}{5}=$

② $\frac{2}{7}+\frac{3}{7}=$

できたシール 〈和が 1 以上《いじょう》になる真分数のたし算〉

2 次の計算をしましょう。

① $\frac{4}{5}+\frac{2}{5}=$

② $\frac{3}{8}+\frac{5}{8}=$

③ $\frac{5}{7}+\frac{4}{7}=$

できたシール 〈帯分数《たいぶんすう》のたし算，くり上がりなし〉

3 次の計算をしましょう。

① $1\frac{3}{5}+\frac{1}{5}=$

② $1\frac{3}{7}+2\frac{1}{7}=$

できたシール 〈帯分数《たいぶんすう》のたし算，整数部分にくり上がる〉

4 次の計算をしましょう。

① $1\frac{4}{5}+1\frac{3}{5}=$

② $2\frac{7}{9}+1\frac{4}{9}=$

③ $3\frac{1}{6}+2\frac{5}{6}=$

できたシール 〈真分数から真分数をひく分数のひき算〉

5 次の計算をしましょう。

① $\frac{4}{7}-\frac{1}{7}=$

② $\frac{7}{8}-\frac{2}{8}=$

できたシール 〈仮分数《かぶんすう》から真分数をひく分数のひき算〉

6 次の計算をしましょう。

① $\frac{7}{6}-\frac{2}{6}=$

② $\frac{10}{9}-\frac{2}{9}=$

できたシール 〈帯分数《たいぶんすう》のひき算，くり下がりなし〉

7 次の計算をしましょう。

① $1\frac{3}{5}-\frac{2}{5}=$

② $3\frac{6}{7}-1\frac{4}{7}=$

③ $2\frac{3}{4}-\frac{3}{4}=$

できたシール 〈帯分数《たいぶんすう》のひき算，整数部分からくり下がる〉

8 次の計算をしましょう。

① $2\frac{1}{3}-\frac{2}{3}=$

② $4-1\frac{2}{7}=$

③ $5\frac{2}{9}-2\frac{4}{9}=$

できなかったところは、もう一度やってみましょう。正しく直せたら**できたシール**をはりましょう。

小数のわり算

学習日　月　日

合かくシール
全問正かいにできたら合かくシールをはろう！

できたシール　〈暗算でする小数÷整数の計算〉

1 次の計算をしましょう。

① 0.6÷2＝

② 8.4÷4＝

できたシール　〈小数÷整数（1けた）〉

2 次の計算をしましょう。

① 4)9.6

② 6)25.8

できたシール　〈小数÷整数（2けた）〉

3 次の計算をしましょう。

① 16)54.4

② 24)43.2

できたシール　〈小数÷整数，商の一の位《くらい》が0〉

4 次の計算をしましょう。

① 8)4.8

② 18)12.6

できたシール　〈整数÷整数，わり進む〉

5 次の計算をしましょう。

① 4)10

② 48)36

できたシール　〈暗算でする小数÷整数の計算〉

6 次の計算をしましょう。

① 0.35÷7＝

② 0.81÷9＝

できたシール　〈小数÷整数（1けた）〉

7 次の計算をしましょう。

① 3)4.17

② 5)12.15

できたシール　〈小数÷整数，商の一の位《くらい》が0〉

8 次の計算をしましょう。

① 19)2.47

② 56)13.44

できたシール　〈小数÷整数，商の一の位《くらい》，$\frac{1}{10}$の位《くらい》が0〉

9 次の計算をしましょう。

① 14)0.84

② 48)3.36

できたシール　〈$\frac{1}{1000}$の位《くらい》までのわり算〉

10 次の計算をしましょう。

① 8)0.464

② 59)0.236

12回 小数のかけ算

学習日　　月　　日

合かくシール
全問正かいにできたら合かくシールをはろう！

できたシール〈暗算でする小数×整数の計算〉

1 次の計算をしましょう。

① 0.7×3＝

② 3.4×2＝

できたシール〈小数×整数（1 けた）＝小数〉

2 次の計算をしましょう。

① 4.8 × 4

② 12.6 × 7

できたシール〈小数×整数（1 けた）＝整数〉

3 次の計算をしましょう。

① 1.4 × 5

② 27.5 × 8

できたシール〈小数×整数（2 けた）＝小数〉

4 次の計算をしましょう。

① 2.6 × 13

② 0.9 × 48

できたシール〈小数×整数（2 けた）＝整数〉

5 次の計算をしましょう。

① 3.5 × 26

② 10.8 × 25

できたシール〈暗算でする小数×整数の計算〉

6 次の計算をしましょう。

① 0.23×2＝

② 0.02×6＝

できたシール〈小数×整数（1 けた）＝小数〉

7 次の計算をしましょう。

① 1.25 × 3

② 0.86 × 7

できたシール〈小数×整数（1 けた）答えの終わりに 0 がつく〉

8 次の計算をしましょう。

① 5.38 × 5

② 0.495 × 6

できたシール〈小数×整数（2 けた）＝小数〉

9 次の計算をしましょう。

① 2.54 × 32

② 0.723 × 48

できたシール〈$\frac{1}{1000}$ の位《くらい》までのかけ算〉

10 次の計算をしましょう。

① 1.632 × 57

② 0.425 × 8

できなかったところは、もう一度やってみましょう。正しく直せたら**できたシール**をはりましょう。

11回 小数のたし算・ひき算

学習日　　月　　日

合かくシール
全問正かいにできたら合かくシールをはろう！

できたシール 〈くり上がりのないたし算〉

1 次の計算をしましょう。

① $\begin{array}{r} 2.56 \\ +3.21 \\ \hline \end{array}$　② $\begin{array}{r} 5.32 \\ +0.64 \\ \hline \end{array}$

できたシール 〈くり上がりのあるたし算〉

2 次の計算をしましょう。

① $\begin{array}{r} 4.38 \\ +4.57 \\ \hline \end{array}$　② $\begin{array}{r} 0.15 \\ +6.39 \\ \hline \end{array}$

できたシール 〈$\frac{1}{1000}$の位《くらい》までのたし算〉

3 次の計算をしましょう。

① $\begin{array}{r} 1.724 \\ +2.132 \\ \hline \end{array}$　② $\begin{array}{r} 0.581 \\ +0.746 \\ \hline \end{array}$

できたシール 〈答えの終わりに 0 がつくたし算〉

4 次の計算をしましょう。

① $\begin{array}{r} 3.18 \\ +6.32 \\ \hline \end{array}$　② $\begin{array}{r} 2.465 \\ +1.235 \\ \hline \end{array}$

できたシール 〈整数と小数のたし算〉

5 次の計算をしましょう。

① $\begin{array}{r} 3 \\ +9.55 \\ \hline \end{array}$　② $\begin{array}{r} 14 \\ +\ \ 6.92 \\ \hline \end{array}$

できたシール 〈くり下がりのないひき算〉

6 次の計算をしましょう。

① $\begin{array}{r} 7.63 \\ -3.42 \\ \hline \end{array}$　② $\begin{array}{r} 9.86 \\ -1.45 \\ \hline \end{array}$

できたシール 〈くり下がりのあるひき算〉

7 次の計算をしましょう。

① $\begin{array}{r} 6.57 \\ -2.18 \\ \hline \end{array}$　② $\begin{array}{r} 9.64 \\ -0.49 \\ \hline \end{array}$

できたシール 〈$\frac{1}{1000}$の位《くらい》までのひき算〉

8 次の計算をしましょう。

① $\begin{array}{r} 2.847 \\ -1.331 \\ \hline \end{array}$　② $\begin{array}{r} 8.931 \\ -6.251 \\ \hline \end{array}$

できたシール 〈けた数がことなるひき算〉

9 次の計算をしましょう。

① $\begin{array}{r} 3.4 \\ -1.58 \\ \hline \end{array}$　② $\begin{array}{r} 1.62 \\ -0.987 \\ \hline \end{array}$

できたシール 〈整数と小数のひき算〉

10 次の計算をしましょう。

① $\begin{array}{r} 8 \\ -4.75 \\ \hline \end{array}$　② $\begin{array}{r} 5 \\ -0.209 \\ \hline \end{array}$

算数

計算

10回 わり算(3)

学習日 月 日

合かくシール
全問正かいにできたら合かくシールをはろう！

できたシール 〈2 けた÷2 けた〉

1 次の計算をしましょう。

① $14\overline{)\,56}$　② $27\overline{)\,81}$

できたシール 〈2 けた÷2 けた あまりが出る〉

2 次の計算をしましょう。

① $16\overline{)\,83}$　② $32\overline{)\,98}$

できたシール 〈3 けた÷2 けた＝1 けた〉

3 次の計算をしましょう。

① $24\overline{)\,120}$　② $76\overline{)\,532}$

できたシール 〈3 けた÷2 けた＝1 けた あまりが出る〉

4 次の計算をしましょう。

① $35\overline{)\,286}$　② $58\overline{)\,374}$

できたシール 〈3 けた÷2 けた＝2 けた〉

5 次の計算をしましょう。

① $18\overline{)\,432}$　② $37\overline{)\,703}$

できたシール 〈3 けた÷2 けた＝2 けた あまりが出る〉

6 次の計算をしましょう。

① $23\overline{)\,580}$　② $46\overline{)\,892}$

できたシール 〈3 けた÷2 けた＝2 けた 商の一の位《くらい》が 0 になる〉

7 次の計算をしましょう。

① $17\overline{)\,680}$　② $29\overline{)\,870}$

できたシール 〈3 けた÷2 けた＝2 けた 商の一の位《くらい》が 0 で，あまりが出る〉

8 次の計算をしましょう。

① $18\overline{)\,735}$　② $34\overline{)\,691}$

できたシール 〈わり算のきまりを使って計算する〉

9 次の計算をしましょう。

① $600 \div 300 =$

② $7200 \div 800 =$

できなかったところは、もう一度やってみましょう。正しく直せたら**できたシール**をはりましょう。

わり算(2)

学習日　月　日

合かくシール
全問正かいにできたら合かくシールをはろう！

できたシール 〈3けた÷1けた＝3けた〉

1 次の計算をしましょう。

① 2)628　② 4)536

できたシール 〈3けた÷1けた＝3けた
あまりが出る〉

2 次の計算をしましょう。

① 3)457　② 5)864

できたシール 〈3けた÷1けた＝3けた
商に0が入る〉

3 次の計算をしましょう。

① 4)920　② 3)615

できたシール 〈3けた÷1けた＝3けた
商に0が入り，あまりが出る〉

4 次の計算をしましょう。

① 6)783　② 3)926

できたシール 〈3けた÷1けた＝2けた〉

5 次の計算をしましょう。

① 2)186　② 7)315

できたシール 〈3けた÷1けた＝2けた
あまりが出る〉

6 次の計算をしましょう。

① 6)458　② 9)307

できたシール 〈3けた÷1けた＝2けた
商の一の位《くらい》が0になる〉

7 次の計算をしましょう。

① 8)560　② 7)630

できたシール 〈3けた÷1けた＝2けた
商の一の位《くらい》が0で，あまりが出る〉

8 次の計算をしましょう。

① 5)452　② 9)544

くもんの 小学4年の総復習ドリル

算《さん》数《すう》教《きょう》科《か》書《しょ》対《たい》照《しょう》表《ひょう》

小学4年生

くもんの小学4年の総復習ドリル			教科書のページ					
回数	単元名	ページ	東京書籍 新編 新しい算数 4	啓林館 わくわく算数 4	学校図書 みんなと学ぶ 小学校算数 4年	日本文教出版 小学算数 4年	教育出版 小学 算数 4	大日本図書 新版 たのしい算数 4年
1	大きな数(1)	58	上8～15	上10～18	上12～19	上11～20	上11～19	67～73
2	大きな数(2)	57						
3	がい数	56	上118～125	下18～23	下2～8	上77～88	上92～98	120～128
4	小数(1)	55	上72～81	上84～91	下33～42	上89～98	下48～55	173～182
5	小数(2)	54						
6	分数	53	下36～43	下70～74, 77	下100～106	下59～67	下116～123	232～238, 244～245
7	かけ算	52	上16～17	上19～20	上20～21	上21～22	上20～21	75～76
8	わり算(1)	51	上36～53, 94～111	上36～47, 102～115	上38～45, 62～78, 88～104	上25～44, 109～125	上26～41, 74～91	36～51, 135～151
9	わり算(2)	50						
10	わり算(3)	49						
11	小数のたし算・ひき算	48	上82～86	上92～93	下43～47	上99～103	下56～61	183～187
12	小数のかけ算	47	下76～97	下32～51	下78～97	下93～112	下77～97	212～231
13	小数のわり算	46						
14	分数のたし算・ひき算	45	下44～46	下75～76	下107～110	下68～70	下124～127	239～243
15	角の大きさ	44	上54～71	上49～62	上46～61	上65～76	上59～72	55～66
16	面積(1)	43	下58～75	下2～17	下54～72	下39～58	下4～24	190～205
17	面積(2)	42						
18	垂直と平行	41	下14～24	上63～71	上112～123	下5～14	上110～119	92～103
19	四角形(1)	40	下25～35	上72～83	上124～134	下15～26	上120～131	104～115
20	四角形(2)	39						
21	立体(1)	38	下100～113	下89～103	下14～31	下113～127	下100～115	250～264
22	立体(2)	37						
23	折れ線グラフ	36	上20～28	上23～35	上25～35	上45～56	上42～57	16～26
24	しりょうの整理	35	上29～33	下58～67	上79～85	上57～60	下26～37	27～31
25	変わり方	34	下50～56	下82～88	下132～141	下77～87	下64～71	153～161
26	計算のきまり	33	下2～13	上116～127	下18～32	下27～38	上134～144	82～91
27	がい数の問題	32	上126～128	下24～29	下9～14	下88～92	上99～103	129～132
28	わり算(1)	31	上のわり算のページに加えて, 上112～117	上のわり算のページに加えて, 上128～135	上のわり算のページに加えて, 上105～107, 138～140	上のわり算のページに加えて, 上126～133	上のわり算のページに加えて, 下38～46	上のわり算のページに加えて, 164～170
29	わり算(2)	30						
30	1つの式でとく問題	29	下2～13	上116～127	下18～32	下27～38	上134～144	82～91
31	いろいろな問題(1)	28	上90～91, 下114～115	—	—	—	—	—
32	いろいろな問題(2)	27	上112～117	上128～135, 下30～31	上105～107, 下98～99	上126～133	下38～46	164～170

くもんの小《しょう》学《がく》ドリルシリーズとの対《たい》照《しょう》表《ひょう》

総復習《そうふくしゅう》ドリルをやってみて、さらに基礎《きそ》からしっかり学習《がくしゅう》したいときには、この表《ひょう》にある小学《しょうがく》ドリルで学習《がくしゅう》するとよいでしょう。

算数

くもんの小学4年の総復習ドリル 回	単元名	ページ	くもんの小学ドリル
1	大きな数(1)	58	4年生の数・量・図形
2	大きな数(2)	57	4年生の数・量・図形
3	がい数	56	4年生の数・量・図形
4	小数(1)	55	4年生の数・量・図形
5	小数(2)	54	4年生の数・量・図形
6	分数	53	4年生の数・量・図形
7	かけ算	52	4年生の数・量・図形
8	わり算(1)	51	4年生のわり算
9	わり算(2)	50	4年生のわり算
10	わり算(3)	49	4年生のわり算
11	小数のたし算・ひき算	48	4年生の分数・小数
12	小数のかけ算	47	4年生の分数・小数
13	小数のわり算	46	4年生の分数・小数
14	分数のたし算・ひき算	45	4年生の分数・小数
15	角の大きさ	44	4年生の数・量・図形
16	面積(1)	43	4年生の数・量・図形
17	面積(2)	42	4年生の数・量・図形
18	垂直と平行	41	4年生の数・量・図形
19	四角形(1)	40	4年生の数・量・図形
20	四角形(2)	39	4年生の数・量・図形
21	立体(1)	38	4年生の数・量・図形
22	立体(2)	37	4年生の数・量・図形
23	折れ線グラフ	36	4年生の数・量・図形
24	しりょうの整理	35	4年生の数・量・図形
25	変わり方	34	4年生の文章題
26	計算のきまり	33	4年生のわり算
27	がい数の問題	32	4年生の文章題
28	わり算(1)	31	4年生の文章題
29	わり算(2)	30	4年生の文章題
30	1つの式でとく問題	29	4年生の文章題
31	いろいろな問題(1)	28	4年生の文章題
32	いろいろな問題(2)	27	4年生の文章題

国語

くもんの小学4年の総復習ドリル 回	単元名	ページ	くもんの小学ドリル
1	漢字の書き(1)	1	4年生の漢字
2	漢字の書き(2)	2	4年生の漢字
3	漢字の書き(3)	3	4年生の漢字
4	漢字の書き(4)	4	4年生の漢字
5	漢字の読み方(1)	5	4年生の漢字
6	漢字の読み方(2)	6	4年生の漢字
7	漢字の組み立て	7	4年生の漢字
8	漢字の使い方(1)	8	4年生の漢字
9	漢字の使い方(2)	9	4年生の漢字
10	慣用句・ことわざ	10	4年生の言葉と文のきまり
11	国語辞典の使い方	11	4年生の言葉と文のきまり
12	漢和辞典の使い方	12	4年生の言葉と文のきまり
13	文の組み立て	13	4年生の言葉と文のきまり
14	文をつなぐことば	14	4年生の言葉と文のきまり
15	こそあどことば	15	4年生の言葉と文のきまり
16	符号の使い方	16	4年生の言葉と文のきまり
17	物語の読みとり(1)	17	4年生の文章の読解
18	物語の読みとり(2)	18	4年生の文章の読解
19	説明文の読みとり(1)	19	4年生の文章の読解
20	説明文の読みとり(2)	20	4年生の文章の読解
21	作文(1)	21	4年生の言葉と文のきまり
22	作文(2)	22	4年生の言葉と文のきまり

わり算(1)

学習日　月　日

合かくシール
全問正かいにできたら合かくシールをはろう！

できたシール 〈（何十）÷何〉

1 次の計算をしましょう。

① 60÷3＝

② 80÷4＝

できたシール 〈（何百何十）÷何，（何千何百）÷何〉

2 次の計算をしましょう。

① 140÷2＝

② 280÷7＝

③ 5400÷9＝

④ 3600÷4＝

できたシール 〈何十でわるわり算〉

3 次の計算をしましょう。

① 80÷20＝

② 450÷90＝

できたシール 〈あまりが出る，何十でわるわり算〉

4 次の計算をしましょう。

① 140÷30＝

② 500÷60＝

できたシール 〈終わりに 0 のある数のわり算〉

5 次の計算をしましょう。

① 6800÷400＝

② 8700÷600＝

できたシール 〈2 けた÷ 1 けた〉

6 次の計算をしましょう。

① $3\overline{)\,96}$　② $3\overline{)\,54}$

できたシール 〈2 けた÷ 1 けた あまりが出る〉

7 次の計算をしましょう。

① $2\overline{)\,31}$　② $4\overline{)\,97}$

できたシール 〈2 けた÷ 1 けた 商の一の位《くらい》が 0 になる〉

8 次の計算をしましょう。

① $2\overline{)\,60}$　② $3\overline{)\,90}$

できたシール 〈2 けた÷ 1 けた 商の一の位《くらい》が 0 で，あまりが出る〉

9 次の計算をしましょう。

① $4\overline{)\,82}$　② $3\overline{)\,62}$

できたシール 〈わり算と答えのたしかめ〉

10 次の計算をして，答えのたしかめもしましょう。

① 94÷3＝
（たしかめ）

② 63÷4＝
（たしかめ）

できなかったところは、もう一度やってみましょう。正しく直せたら**できたシール**をはりましょう。

かけ算

学習日　月　日

合かくシール
全問正かいにできたら合かくシールをはろう！

できたシール 〈3けた×3けた〉

1 次の計算をしましょう。

①
```
  516
×492
```

②
```
  743
×985
```

できたシール 〈2けた×3けた〉

2 次の計算をしましょう。

①
```
   94
×613
```

②
```
   65
×788
```

できたシール 〈3けた×3けた かけられる数に0がある〉

3 次の計算をしましょう。

①
```
  209
×364
```

②
```
  480
×217
```

できたシール 〈3けた×3けた かける数に0がある〉

4 次の計算をしましょう。

①
```
  512
×306
```

②
```
  808
×403
```

できたシール 〈かけ算のきまり〉

5 次の□にあてはまる数を書きましょう。

① 67×392＝□×67

② 285×400

＝285×(4×□)

＝(285×4)×□

できたシール 〈かけ算のきまりを使って計算する〉

6 くふうして，次の計算をしましょう。

① 647×200＝

② 1800×50＝

③ 300×455＝

④ 8000×72＝

できたシール 〈くふうして計算する〉

7 54×16＝864を使って，次の答えを求《もと》めましょう。

① 5400×1600＝□万

② 54万×16万＝□億《おく》

6回 分数

学習日　月　日

合かくシール
全問正かいにできたら合かくシールをはろう！

できたシール 〈長さを分数で表す〉

1 次の長さを分数で表しましょう。

① 1mを5等分した1つ分　(　　　)m

② 1mを7等分した2つ分　(　　　)m

できたシール 〈真分数，仮分数《かぶんすう》，帯分数《たいぶんすう》〉

2 次の分数を，真分数，仮分数《かぶんすう》，帯分数《たいぶんすう》に分けましょう。

$\left[\ \frac{4}{5},\ 1\frac{1}{3},\ \frac{9}{8},\ 2\frac{4}{9},\ \frac{7}{12},\ \frac{12}{11}\ \right]$

真分数(　　　)　仮分数《かぶんすう》(　　　)　帯分数《たいぶんすう》(　　　)

できたシール 〈分数の大きさ〉

3 次の□にあてはまる数を書きましょう。

① $\frac{1}{9}$を5つ集めた数は□です。

② $\frac{7}{5}$は，$\frac{1}{5}$を□つ集めた数です。

③ $\frac{1}{8}$を□つ集めると1になります。

できたシール 〈仮分数《かぶんすう》と帯分数《たいぶんすう》，整数の関係《かんけい》〉

4 次の仮分数《かぶんすう》は帯分数《たいぶんすう》か整数に，帯分数《たいぶんすう》は仮分数《かぶんすう》になおしましょう。

① $\frac{9}{4}$　(　　　)　② $\frac{10}{5}$　(　　　)　③ $2\frac{2}{3}$　(　　　)

できたシール 〈分数の大小〉

5 次の□にあてはまる不等号《ふとうごう》(>，<)を書きましょう。

① $\frac{5}{6}$ □ $\frac{7}{6}$　② 1 □ $\frac{9}{8}$　③ $1\frac{2}{9}$ □ $\frac{10}{9}$

できたシール 〈大きさの等しい分数〉

6 次の□にあてはまる数を書きましょう。

① $\frac{1}{2}=\frac{2}{4}=\frac{\square}{6}$　② $\frac{1}{3}=\frac{\square}{6}$

できなかったところは、もう一度やってみましょう。正しく直せたら**できたシール**をはりましょう。

小数(2)

できたシール 〈あわせた数を求《もと》める〉

1 次の数を書きましょう。

① 5 と 0.48 をあわせた数　（　　　）

② 1 を 3 つ，0.1 を 7 つ，0.01 を 4 つあわせた数　（　　　）

③ 0.1 を 6 つ，0.01 を 2 つ，0.001 を 9 つあわせた数　（　　　）

できたシール 〈数直線上の小数〉

2 下の数直線の□にあてはまる小数を書きましょう。

①
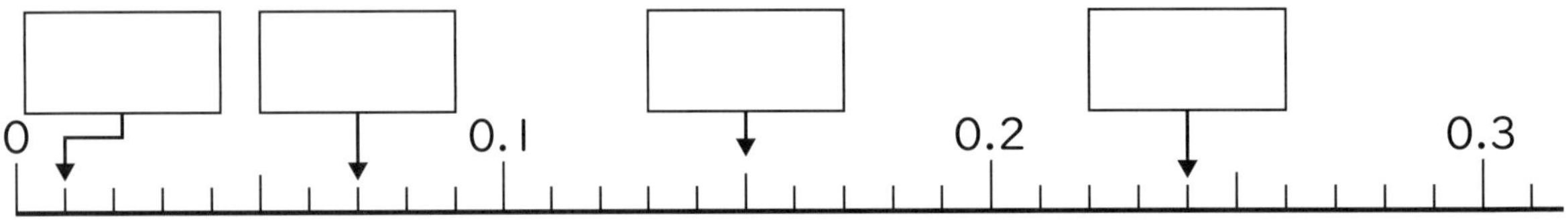

②
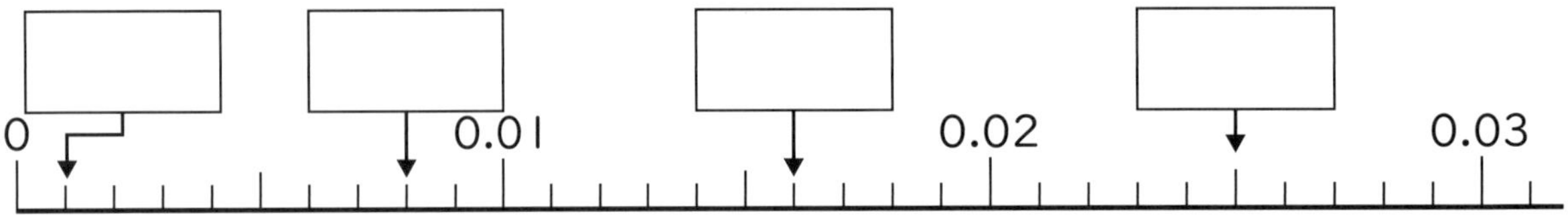

できたシール 〈小数の大小〉

3 次の□にあてはまる不《ふ》等号《とうごう》(＞, ＜)を書きましょう。

① 0.08 □ 0.1　② 0.26 □ 0.25　③ 3.459 □ 3.547

できたシール 〈10 倍，$\frac{1}{10}$ にした数の小数点の位《い》置《ち》〉

4 次の□にあてはまる数を書きましょう。

① 2.46 を 10 倍すると，小数点は右へ □ けたうつります。

② 2.46 を $\frac{1}{10}$ にすると，小数点は左へ □ けたうつります。

できたシール 〈10 倍した数〉

5 次の数を 10 倍した数を書きましょう。

① 0.3 （　　　）　② 0.04 （　　　）　③ 5.081 （　　　）

できたシール 〈$\frac{1}{10}$ にした数〉

6 次の数を $\frac{1}{10}$ にした数を書きましょう。

① 2 （　　　）　② 0.78 （　　　）　③ 1.06 （　　　）

小数(1)

できたシール 〈水のかさを小数で表す〉

1 次の水のかさは何Lですか。小数で表しましょう。

① 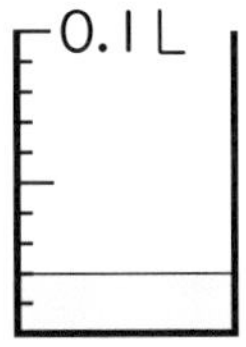

(　　　)L

② 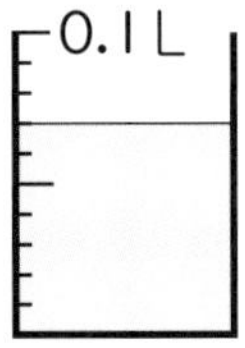

(　　　)L

③ 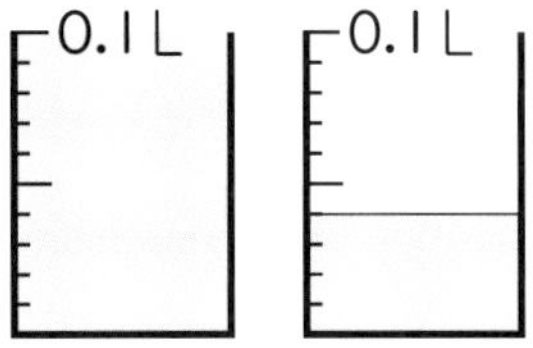

(　　　)L

できたシール 〈小数の位《くらい》〉

2 次の□にあてはまる数字を書きましょう。

3.145 の $\frac{1}{10}$ の位《くらい》(小数第一位《い》)の数字は □ で，$\frac{1}{100}$ の位《くらい》(小数第二位《い》)の数字は □ で，$\frac{1}{1000}$ の位《くらい》(小数第三位《い》)の数字は □ です。

できたシール 〈0.01 を集めた数〉

3 次の数は，0.01 をいくつ集めた数ですか。

① 0.04 (　　　)　② 0.1 (　　　)　③ 1.19 (　　　)

できたシール 〈0.001 を集めた数〉

4 次の数は，0.001 をいくつ集めた数ですか。

① 0.005 (　　　)　② 0.01 (　　　)　③ 0.47 (　　　)

できたシール 〈集めた数を求《もと》める〉

5 次の数を書きましょう。

① 0.01 を 15 集めた数 (　　　)

② 0.01 を 145 集めた数 (　　　)

③ 0.001 を 27 集めた数 (　　　)

④ 0.001 を 368 集めた数 (　　　)

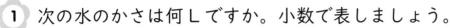

3回 がい数

できたシール　〈がい数で表す〉

1 次の数は，約《やく》何万人ですか。

① 39560人　（　　　　）　② 53748人　（　　　　）

できたシール　〈四捨五入《ししゃごにゅう》〉

2 次の数を十の位《くらい》で四捨五入《ししゃごにゅう》して，百の位《くらい》までのがい数にしましょう。

① 3670　（　　　　）　② 7548　（　　　　）

できたシール　〈四捨五入《ししゃごにゅう》して，がい数にする〉

3 次の数を四捨五入《ししゃごにゅう》して，〔　〕の中の位《くらい》までのがい数にしましょう。

① 4257〔百の位《くらい》〕　② 2380〔千の位《くらい》〕　③ 108430〔一万の位《くらい》〕

（　　　　）　（　　　　）　（　　　　）

できたシール　〈上から2けたのがい数にする〉

4 次の数を四捨五入《ししゃごにゅう》して，上から2けたのがい数にしましょう。

① 37052　② 61530　③ 806700

（　　　　）　（　　　　）　（　　　　）

できたシール　〈以上《いじょう》，以下《いか》，未満《みまん》〉

5 次の数のうち，①，②にあてはまる数を，全部選《えら》んで書きましょう。

251，263，248，260
256，270，255，271

① 255以下《いか》　（　　　　）

② 260以上《いじょう》270未満《みまん》　（　　　　）

できたシール　〈がい数の表すはんい〉

6 次の数は，〔　〕の中の位《くらい》を四捨五入《ししゃごにゅう》して，がい数にしたものです。もとの数のはんいを，（　）に数を入れて表しましょう。

① 2500〔十の位《くらい》〕　（　　　　）以上《いじょう》（　　　　）未満《みまん》

② 47000〔百の位《くらい》〕　（　　　　）以上《いじょう》（　　　　）未満《みまん》

大きな数(2)

学習日
月　日

合かくシール
全問正かいにできたら合かくシールをはろう！

できたシール　〈いくつ集めた数か〉

1　「75000000000」について，次の問題に答えましょう。

① 1億《おく》をいくつ集めた数ですか。　（　　　　）

② 10億《おく》をいくつ集めた数ですか。　（　　　　）

できたシール　〈数直線上の数〉

2　下の数直線の□にあてはまる数を書きましょう。

①

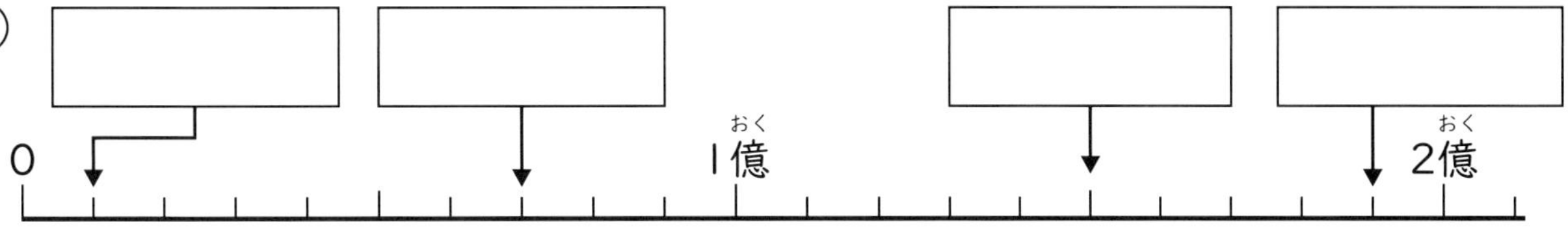

②

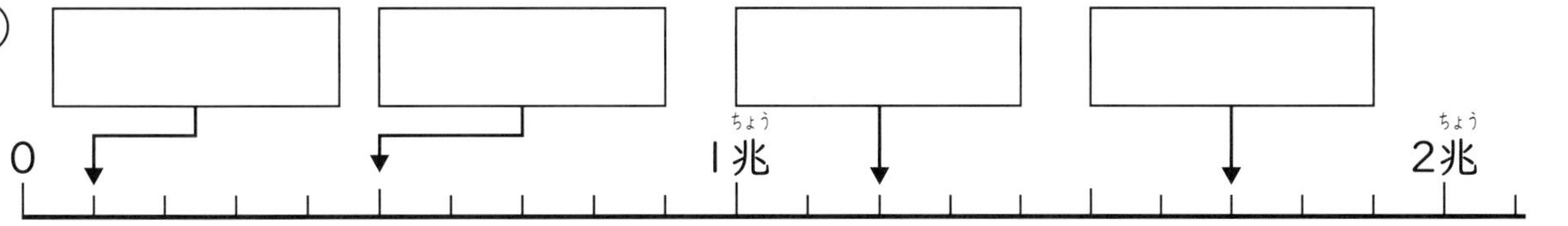

できたシール　〈大きな数の大小〉

3　次の□にあてはまる不《ふ》等号《とうごう》(>，<)を書きましょう。

① 4500万 □ 3500万　　② 9000万 □ 1億《おく》

③ 3600億《おく》 □ 6300億《おく》　　④ 1兆《ちょう》 □ 9800億《おく》

できたシール　〈大きな数のしくみ〉

4　次の□にあてはまる数を書きましょう。

① 10億《おく》は1億《おく》の□倍　　② 1兆《ちょう》は1000億《おく》の□倍

できたシール　〈10倍した数，10でわった数〉

5　次の問題に答えましょう。

① 次の数を10倍した数を書きましょう。

㋐ 70億《おく》　（　　　　）　㋑ 4兆《ちょう》　（　　　　）

② 次の数を10でわった数を書きましょう。

㋐ 600億《おく》　（　　　　）　㋑ 5兆《ちょう》　（　　　　）

できなかったところは、もう一度やってみましょう。正しく直せたら**できたシール**をはりましょう。

大きな数(1)

学習日　月　日

合かくシール
全問正かいにできたら合かくシールをはろう！

⬇答え合わせをして、答えが合っていたら、ここに**できたシール**をはろう。

できたシール 〈億《おく》・兆《ちょう》と位《くらい》〉

1 「82749135620000」について，次の問題に答えましょう。

① 次の位《くらい》の数字を書きましょう。

㋐ 一億《おく》の位《くらい》（　　）　㋑ 千億《おく》の位《くらい》（　　）　㋒ 一兆《ちょう》の位《くらい》（　　）

② 次の数字の位《くらい》を書きましょう。

㋐ 6（　　）　㋑ 9（　　）　㋒ 8（　　）

できたシール 〈大きな数の読み方〉

2 次の数を読んで，漢字で書きましょう。

① 4735928000（　　）

② 761258943000000（　　）

できたシール 〈大きな数の書き方〉

3 次の数を数字で書きましょう。

① 三百九億《おく》二千八百五十万（　　）

② 五兆《ちょう》三千六百七十二億《おく》四千九百万（　　）

できたシール 〈あわせた数を表す〉

4 次の数を数字で書きましょう。

① 一億《おく》を３つ，一万を48あわせた数（　　）

② 一兆《ちょう》を26，一億《おく》を7300，一万を9800あわせた数（　　）

6回 道案内《みちあんない》

学習日　　月　　日

合かくシール
全問正かいにできたら合かくシールをはろう！

059

1 例《れい》と(1)～(3)の音声を聞いて，まねして言ったあと，地図の中のどこについて話しているのか考えて，ア～エの記号を（　　）に書きましょう。

例《れい》 （ ア ）

Go straight.
まっすぐ行ってください。

Turn left.
左に曲がってください。

Turn right.
右に曲がってください。

(1)（　　）　(2)（　　）　(3)（　　）

2 音声を聞いてまねして言ったあと，　の英語《えいご》を□に書きましょう。

(1) Go ＿＿＿＿＿＿＿＿ .
(straight)

(2) Turn ＿＿＿＿＿＿＿＿ .
(left)

3 あなたは☆のところにいます。ゆう便局《びんきょく》までの行き方を説明《せつめい》しましょう。

Turn □ .

Turn □ .

あなたは○○をしますか？

学習日　　月　　日

合かくシール
全問正かいにできたら合かくシールをはろう！

060

1 例《れい》と(1)～(3)の音声を聞いて，まねして言ったあと，絵と合うものには○，合わないものには×を（　）に書きましょう。

例《れい》1（ ○ ）

Do you play tennis ?

あなたは テニス をしますか？

Yes, I do.

はい，します。

例《れい》2（ ○ ）

Do you play soccer ?

あなたは サッカー をしますか？

No, I don't.

いいえ，しません。

(1)（　　）

(2)（　　）

(3)（　　）

2 音声を聞いてまねして言ったあと，　の英語《えいご》を　に書きましょう。

(1) Do you play ____ ?

（ soccer ）

(2) ____ , I ____ .

（ Yes ）　（ do ）

3 音声を聞いてまねして言ったあと，あなたの答えを言ってみましょう。

Yes, I do.

No, I don't.

アルファベット

4回 アルファベットと英単語《えいたんご》②

学習日

月　　日

合かくシール

全問正かいにできたら合かくシールをはろう！

061

1 アルファベットの音に気をつけて，音声を聞きましょう。そのあと，声に出して言ってから，なぞって書き，となりにもう1度書きましょう。

(1)  nurse

nurse

(2)  ox

ox

(3)  panda

panda

(4)  quiz

quiz

(5)  river

river

(6)  salad

salad

(7)  test

test

(8)  unicorn

unicorn

(9)  voice

voice

(10)  wood

wood

(11)  fox

fox

(12) 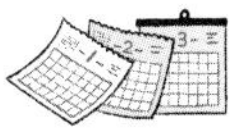 year

year

(13)  zebra

zebra

3回 アルファベットと英単語《えいたんご》①

学習日

月　日

合かくシール

全問正かいにできたら合かくシールをはろう！

062

1 アルファベットの音に気をつけて，音声を聞きましょう。そのあと，声に出して言ってから，なぞって書き，となりにもう1度書きましょう。

(1)  ant

ant

(2)  bread

bread

(3)  city

city

(4)  donut

donut

(5)  elephant

elephant

(6)  fire

fire

(7)  garden

garden

(8)  hand

hand

(9)  ice

ice

(10)  juice

juice

(11)  koala

koala

(12)  letter

letter

(13)  map

map

2回 アルファベットの書き

学習日　月　日

合かくシール
全問正かいにできたら合かくシールをはろう！

1 アルファベットの大文字と小文字をなぞって書いたあと，となりにもう1度書き写しましょう。

Aa　Bb　Cc　Dd
Ee　Ff　Gg　Hh
Ii　Jj　Kk　Ll
Mm　Nn　Oo　Pp
Qq　Rr　Ss　Tt
Uu　Vv　Ww　Xx
Yy　Zz

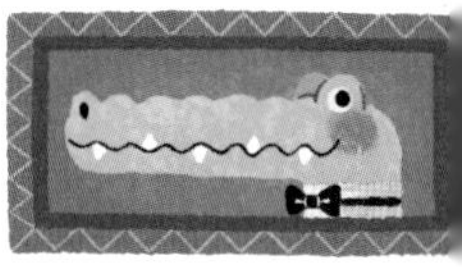

2 大文字と小文字の組み合わせを見つけて，○でかこんで線で結《むす》びましょう。あまった文字2つを□に書きましょう。

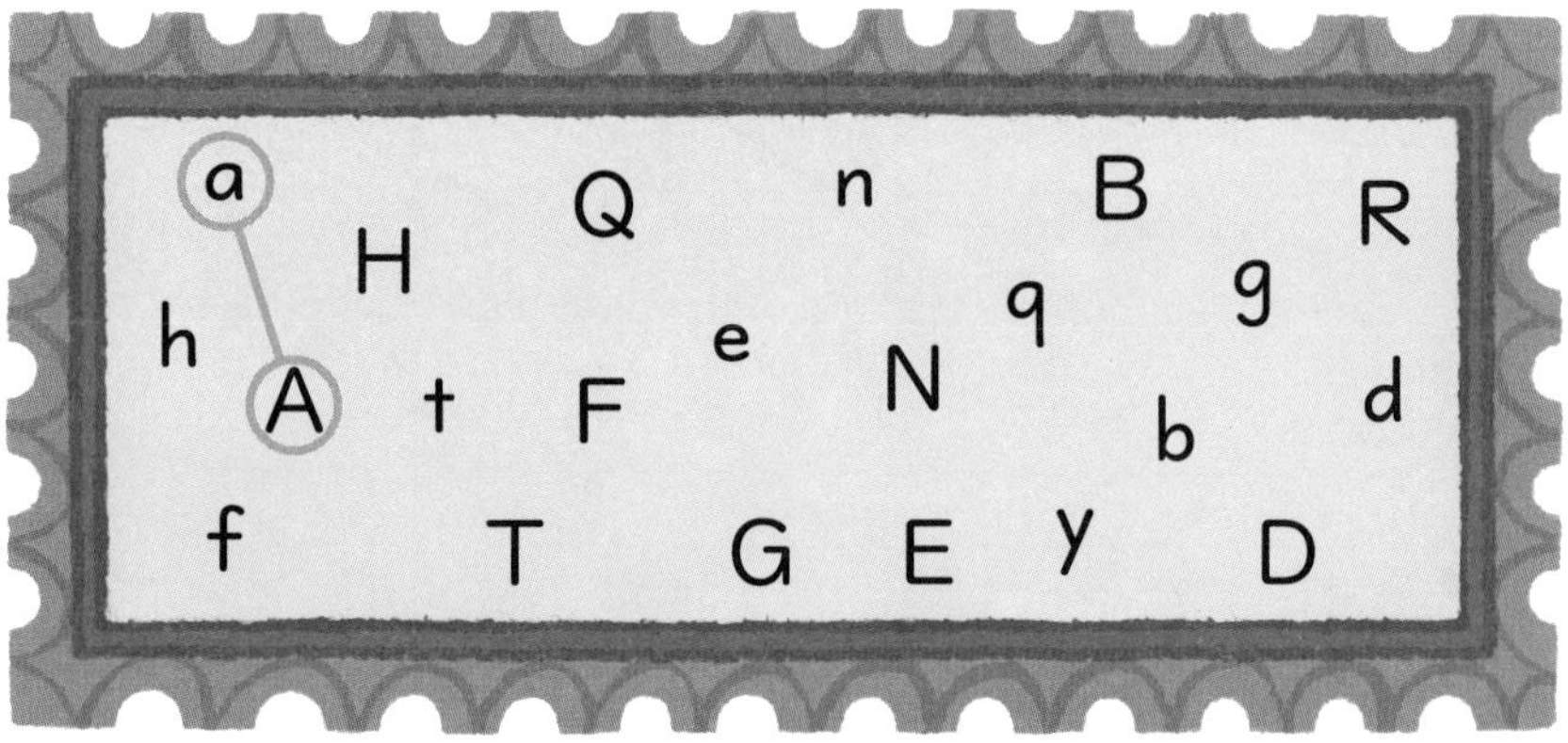

英《え》語《いご》

1回 アルファベット

学習日
月　日

合かくシール
全問正かいに
できたら
合かくシール
をはろう！

064

音声を聞く，じゅんびをしましょう。

おうちのかたへ 064 があるページは，音声を聞きながら学習を進めます。
数字は，「きくもん」アプリを使うときに入力する，ページ番号です。

音声の聞き方

音声アプリ「きくもん」をダウンロード

❶くもん出版《しゅっぱん》のガイドページにアクセス
❷指示《しじ》にそって，アプリをダウンロード
❸アプリのトップページで「小学4年の総復習《そうふくしゅう》ドリル」を選《えら》ぶ
※「きくもん」アプリは無料《むりょう》ですが，ネット接続《せつぞく》の際《さい》の通信料金《つうしんりょうきん》は別途《べっと》発生《はっせい》いたします。

くもん出版《しゅっぱん》のサイトから，ダウンロード

音声ファイルを
ダウンロードすることも
できます。

1 音声を聞いて，アルファベットをまねして言いましょう。

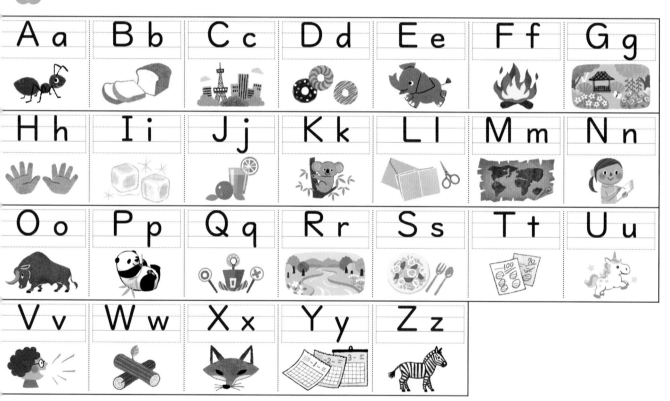

A a	B b	C c	D d	E e	F f	G g

H h	I i	J j	K k	L l	M m	N n
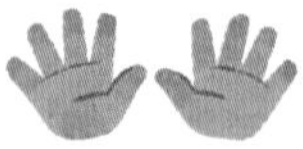						
O o	P p	Q q	R r	S s	T t	U u

V v	W w	X x	Y y	Z z		

2 aから順番《じゅんばん》に，小文字を線で結《むす》びましょう。

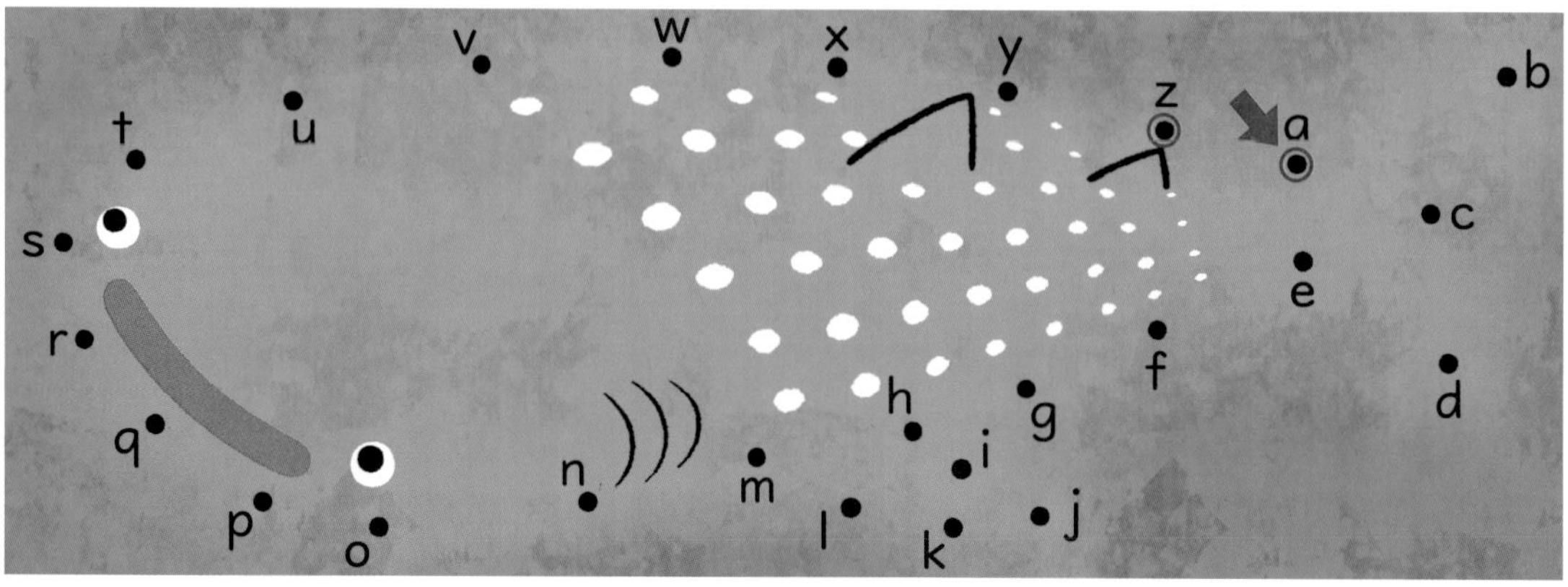

くもんの小学4年生の総復習ドリル

答えとポイント

＋

［最終《さいしゅう》チェック問題］

国語・算数

＋

［先取りドリル］

●国語…14～16ページ
●算数…20～17ページ

❶ 算数と国語は，答えが合っていたら，「できたシール」をはりましょう。

答えが合っていたら，まるをつけ，問題のところに「できたシール」（小さいシール）をはりましょう。（シールだけはってもよいです。）

❷ まちがえたら，ポイントを読んで，正しく直しましょう。

まちがえたところは，ポイントをよく読んで，もう一度やってみましょう。
英語《えいご》は，読まれた英語《えいご》（やく）で音声の英文《えいぶん》とそのやくがわかります。
英文《えいぶん》の内ようをかくにんしましょう。
正しく直せたら「できたシール」をはりましょう。

❸ 全問正かいになったら，「合かくシール」をはりましょう。

「できたシール」を全部はれたら，ページの上に「合かくシール」（大きいシール）をはりましょう。ページ全体に大きなまるをつけてから，シールをはってもよいです。

❹ 算数と国語は，最終《さいしゅう》チェックで最後《さいご》のおさらいをしましょう。

答えは「答えとポイント」の最後《さいご》にあります。

国語の注意点

- 文や文章を使った問題では，文章中のことばを正かいとしています。にた言い方のことばで答えてもかまいません。
- （　）は，答えにあってもよいものです。〈　〉は，他の答え方です。
- 例《れい》の答えでは，にた内ようが書けていれば正かいです。

しあげテスト
- 国語…13ページ
- 社会…13ページ
- 理科…21ページ
- 算数…21ページ

英語《えいご》
40～38ページ
反対側《がわ》からはじまります。

算数
37～22ページ
37ページからはじまります。

国語
1～12ページ
このページからはじまります。

漢字の書き(1)

❶
(1) 折
(2) 英・達
(3) 塩・加
(4) 材・菜
(5) 健康・管
(6) 副・争
(7) 着・帯・結

❷
(1) 氏・録
(2) 億・貨
(3) 郡・牧
(4) 側・順
(5) 昨・民
(6) 建・完
(7) 積・求

ポイント できなかったら、ここを読んで直そう！

次のようなまちがいに注意しましょう。

❶
(2) ○英 ×英
(6) ○争 ×争
(7) ○帯 ×帯

❷
(1) ○氏 ×氏
(2) ○貨 ×貨
(7) ○求 ×求

最終《さいしゅう》チェック1

❶ □に漢字を書きましょう。

(1) 山《さん》□《さい》
(2) □《えい》会話《かいわ》
(3) 取《しゅ》□《ざい》
(4) □《さく》夜《や》
(5) □《じゅん》位《い》
(6) □《ろく》音《おん》する
(7) 速《そく》□《たつ》
(8) ひもを□《むす》ぶ。

答えは12ページ

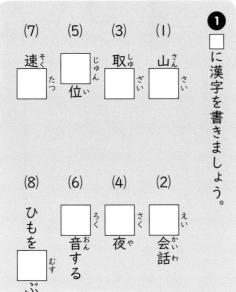

漢字 漢字の書き(2)

2ページ

1 (1)票 (2)笑・芸 (3)径・井 (4)労・功 (5)夫・焼 (6)陸・旗 (7)借・倉

2 (1)害・兆 (2)競・参 (3)灯 (4)例 (5)街・最・利 (6)鹿・群・初 (7)卒・希

ポイント

次のようなまちがいに注意しましょう。

1 (1) ×票 ○票 (4) ×功 ○功 (5) ×焼 ○焼

2 (1) ×兆 ○兆 (7) ×卒 ○卒 (7) ×希 ○希

最終《さいしゅう》チェック2

1 □に漢字を書きましょう。

(1) □《わら》い声

(2) 手《しゅ》□《げい》

(3) □《れい》題

(4) 便《べん》□《り》

(5) 着《ちゃく》□《りく》する

(6) 円の半《はん》□《けい》。

(7) 魚の□《む》れ。

(8) 本を□《か》りる。

漢字 漢字の書き(3)

3ページ

1 (1)愛・熊 (2)兵隊 (3)漁・験 (4)法 (5)然・景 (6)以・唱 (7)博・料

2 (1)極 (2)給・量 (3)低・梨 (4)縄・標 (5)軍 (6)観察 (7)念・無

ポイント

1 点のつけわすれに注意しましょう。

(1) ×愛 ○愛 (5) ×景 ○景 (7) ×博 ○博

2 画(線)の長さや数をしっかり覚《おぼ》えておきましょう。

(2) ×量 ○量 (4) ×縄 ○縄 (6) ×観 ○観

最終《さいしゅう》チェック3

1 □に漢字を書きましょう。

(1) □《う》け取《と》る

(2) 父の□《か》わり。

(3) □《おも》さ

(4) 紙を□《くば》る。

(5) □《りょう》理《り》

(6) 塩《しお》の分《ぶん》□《りょう》。

4 国語 漢字

漢字の書き(4)

❶ (1)徒 (2)欠 (3)臣・令 (4)衣 (5)省 (6)不・要 (7)老・席

❷ (1)選ぶ (2)養う (3)好み (4)栄える (5)静か (6)香り (7)戦う (8)祝い (9)照らす (10)伝える (11)挙げる (12)固まる

4ページ

ポイント

❶ 次のようなまちがいに注意しましょう。

(3) ×臣 ○臣　(7) ×老 ○老　(7) ×席 ○席

❷ (1) 「選《えら》ばない」「選《えら》びます」「選《えら》ぶとき」のように、ことばの形が変《か》わるところから送りがなをつけます。

最終《さいしゅう》チェック4

❶ 送りがなの正しいほうの記号を、○でかこみましょう。

(1) なげる（㋐投る　㋑投げる）

(2) ならう（㋐習う　㋑習らう）

(3) しあわせ（㋐幸せ　㋑幸わせ）

5 国語 漢字

漢字の読み方(1)

❶ (1)（のこ　ざんねん） (2)（そこ　かいてい） (3)（ゆびわ　しゃりん） (4)（かなら　ひっし） (5)（か　へんしん） (6)（つづ　れんぞく）

❷ (1)しるし・いんさつ (2)まと・ぐたいてき (3)しゅっさん・う (4)いち・お (5)がんしょ・ねが (6)わか・べつ

5ページ

ポイント

❶ (4) 「必死」の読み方を「ひつし」と書かないようにしましょう。「ひつ」が「ひっ」という読み方になることを覚《おぼ》えておきましょう。

❷ (6) 「わかれる」には、別《べつ》のことばの「分かれる」があります。漢字を書きまちがえないようにしましょう。「分かれる」は、「二つのものがべつべつにはなれる」意味で、おもに物事について使います。「別《わか》れる」は、人と人がはなれるときに使います。

最終《さいしゅう》チェック5

❶ ―《せん》の漢字の読みがなを書きましょう。

(1) 発車する（　　）

(2) 必勝をちかう。（　　）

(3) 決定する（　　）

(4) 鉄橋をわたる。（　　）

(5) 国旗（　　）

(6) 食器をあらう。（　　）

漢字の読み方⑵

❶ (1)（たね しゅるい）　(2)（まわ しゅうへん）　(3)（ち さんぽ）
(4)（な せいじん）　(5)（しんめ はつが）　(6)（あつ こうねつ）

❷ (1) ひこうき・と　(2) はん・めし　(3) ほう・つつ
(4) しっぱい・うしな　(5) ぼうえんきょう・のぞ
(6) やくそく・はなたば

6ページ

ポイント

❶ (1)「種」には、「たね」という意味のほかに「仲間《なかま》」という意味があります。「種別《しゅべつ》」「品種《ひんしゅ》」などの熟語《じゅくご》といっしょに覚《おぼ》えましょう。

❷ (4)「失」の音読みは「しつ」ですが、「失敗《しっぱい》」などの熟語《じゅくご》では「しっ」という読み方に変《か》わります。

最終《さいしゅう》チェック6

❶ ―線《せん》の漢字の読みがなを書きましょう。

(1)（　　）実行する。
(2) うでの血管。（　　）
(3)（　　）失かくになる。
(4)（　　）列車に乗る。
(5)（　　）直角
(6)（　　）活気にあふれる。

漢字の組み立て

❶ (1) 訓・試・課　(2) 浴・治・満　(3) 便・付・候
(4) 努力・勇　(5) 松・梅　(6) 各・司

❷ (1) 議・説　(2) 仲・信　(3) 流・清・浅

❸ (1) 木 ―「木」に関係《かんけい》がある。
(2) 言 ―「ことば」に関係《かんけい》がある。
(3) 氵 ―「水」に関係《かんけい》がある。
(4) 亻 ―「人」に関係《かんけい》がある。

7ページ

ポイント

❶ (4)の「力（ちから）」のつく漢字は、一生けん命に何かをすることに関《かん》係《けい》するものが多くあります。また、(6)の「口（くち）」のつく漢字は、口や言葉に関係《かんけい》するものがあります。「図」「固」などの「囗」は「くにがまえ」といって、「口」とはちがう部分なので注意しましょう。

最終《さいしゅう》チェック7

❶ □に漢字を書きましょう。

(1) □《し》合《あい》・□《くん》読《よ》み
(2) □《せい》けつ・□《まん》開《かい》のさくら。
(3) □《かく》地《ち》・学級会の□《し》会《かい》。

国語

8 漢字 漢字の使い方(1)

1 (右から)(1)未・末　(2)巣・果・単

2 (1)季・富　(2)孫・案・働

3 (1)協・共　(2)節・説　(3)械・改　(4)徳・特　(右から)(5)差・指　(6)覚・冷

ポイント

1 (1)「未」は下の横線を長く、「末」は下の横線を短く書くようにしましょう。

2 (1)「季」は「子どもの季せつ」、「委」は、「女の委員」というように覚《おぼ》えましょう。

3 (2)「節」の「卩」を「阝」と書かないように注意しましょう。
(5)「差《さ》す」には「光が当たる」、「指す」には「方向をしめす」という意味があります。

8ページ

最終《さいしゅう》チェック8

1 □に漢字を書きましょう。

(1) 月《げっ》□《まつ》・□《み》定《てい》

(2) けい察《さつ》□《かん》・近くのお□《みや》。

(3) かさを□《さ》す。目的地《もくてきち》を□《さ》す。

(4) まちがいを□《なお》す。かぜを□《なお》す。

国語

9 漢字 漢字の使い方(2)

1 (右から)(1)自動・児童　(2)辞典・事典　(3)器官・機関　(4)良心・両親　(5)以外・意外

2 (1)いばらき　(2)さが　(3)とちぎ　(4)ぎふ　(5)ふくおか　(6)しが　(7)なら　(8)さいたま　(9)みやざき　(10)にいがた　(11)えひめ　(12)おおさかふ

ポイント

1 (3)「器官《きかん》」は、「生物のからだの仕組みの中で、ある決まった働《はたら》きをするそれぞれの部分」、「機関《きかん》」は「ある仕事をするためにつくられた仕組み」という意味です。
(5)「以外」は「そのほかのもの」、「意外」は「思っていたこととちがうこと」という意味です。

9ページ

最終《さいしゅう》チェック9

1 □に漢字を書きましょう。

(1) こきゅう□《き》□《かん》・□《き》□《かん》車《しゃ》

(2) □《かん》□《しん》な行い。□《かん》□《しん》を持つ。

(3) せみの□《たい》□《ちょう》をはかる。□《たい》□《ちょう》の命令《めいれい》。

国語 10

ことばのきまり

慣用句《かんようく》・ことわざ

10ページ

❶ (1)目　(2)つる　(3)ねこ

❷ (1)㋒　(2)㋐

❸ (1)㋒　(2)㋑

❹ (1)目薬　(2)口

ポイント

❶ (1)は「目がない」で「大好《だいす》きだ」、(2)は「つるの一声《ひとこえ》」で「多くの人をしたがわせる力がある人のひと言」、(3)は「ねこのひたい」で「ひどくせまい場所」という意味の慣用句《かんようく》です。

❸ (1)の「ぬかにくぎ」と、にた意味のことわざに、「のれんにうでおし」があります。

❹ (1)の「二階から目薬」は、「じれったい」という意味です。「たなからぼたもち」ということわざのような、「思いがけない幸運を手に入れること」という意味ではありません。

\ 最終《さいしゅう》チェック10 /

❶ □にあてはまることばを〔　〕から選《えら》んで、□に書きましょう。

(1) いたずらばかりする弟に、母は□を焼《や》いている。

〔目・口・手〕

(2) 試《し》合《あい》に勝って、□が高い。

〔鼻・首・耳〕

国語 11

ことばのきまり

国語辞典《じてん》の使い方

11ページ

❶ (1)（2）（3）（1）　(2)（3）（1）（2）　(3)（3）（1）（2）　(4)（3）（2）（1）

❷ (1)さく　(2)寒い　(3)明るい

❸ (1)①　(2)②

❹ (1)⑤　(2)④

ポイント

❷ 国語辞典《じてん》では、見出しのことばは言い切りの形で出ています。動きを表すことばでは「動く」「飛ぶ」のように終わりの文字がウだんの音になります。また様子を表すことばでは、「長い」「楽しい」のように「い」「しい」で終わります。

❸ (2) 同じ「あきらめる」という意味で、「さじを投げる」という言い方があります。

\ 最終《さいしゅう》チェック11 /

❶ ―《せん》のことばを、国語辞典《じてん》に出ている形（言い切りの形）に書き直しましょう。

(1) 思いきり走った。（　　　）

(2) 鳥が飛んでいく。（　　　）

(3) 古くなったくつ。（　　　）

(4) 楽しかった旅行。（　　　）

ことばのきまり

漢和辞典《じてん》の使い方

❶ (1)㋑ (2)㋒ (3)㋐ (4)㋒ (5)㋑ (6)㋐

❷ (1)5 (2)7 (3)10 (4)14

❸ (1)木（4） (2)⺮（6） (3)火（4） (4)口（3）

❹ (1)（2）（1）（3）
(2)（1）（2）（3）
(3)（4）（1）（2）（3）
(4)（4）（3）（2）（1）

ポイント

❷ (2)「弟」の書き順《じゅん》は「丶 丷 ⺌ 当 弓 弟 弟」です。「弓」の画数に注意しましょう。

❸ (4)「唱」の部首は「口（くちへん）」です。「日（ひ）」とまちがえないように注意しましょう。

漢和辞典《じてん》は、部首ごとに漢字が分類《ぶんるい》されています。同じ部首の漢字は、画数が少ないものから順《じゅん》にならべられています。

最終《さいしゅう》チェック12

❶ 次の漢字の部首を□に、総画数《そうかくすう》を（　）に書きましょう。

(1) 司 □◀部首 （　）◀総画数《そうかくすう》

(2) 改 □◀部首 （　）◀総画数《そうかくすう》

(3) 列 □ （　）

(4) 受 □ （　）

ことばのきまり

文の組み立て

❶ (1)ア (2)エ (3)オ (4)オ に○

❷ (1)黒くて長いかみの毛の (2)きのう秋田から

❸ (1)①近所の ②十時まで
(2)①わたしの ②五才から ③ピアノを
※②と③は反対でもよい。
(3)①古い ②アルバムには ③昔の ④たくさん

ポイント

❶❷❸ (4)は、述語《じゅつご》（どうした）をくわしくしています。
修飾語《しゅうしょくご》は一つのことばだけとはかぎりません。

主語と述語《じゅつご》のどちらをくわしくすることばなのかを考えてから、書くようにしましょう。

最終《さいしゅう》チェック13

❶ ＝は主語・述語《じゅつご》の関係《かんけい》、↓は修飾《しゅうしょく》の関係《かんけい》を表します。□に合うことばを書きましょう。

(1) 市の図書館は九時から開いている。

①□ → 図書館は ＝ 開いている。
②□ → 開いている。

(2) 新しいくつには、名前が書いてあった。

①□ → ②□ → 書いてあった。
名前が ＝ 書いてあった。

14 国語

ことばのきまり

文をつなぐことば

14ページ

❶ (1)だから　(2)それで

❷ (1)しかし　(2)でも

❸ (1)―㋐　(2)―㋒　(3)―㋑

❹ (1)例《れい》ゴールに入った。
(2)例《れい》ゴールに入らなかった。
※(1)(2)とも、「だから」「しかし」の働《はたら》きに合った文を書いていれば正かいです。

ポイント

❸(1) 話題を変《か》えるときに使うことばです。

❹(1) 「だから」では、前の文の内ようを受けて、後に当然《とうぜん》の結果《けっか》がくる文を作りましょう。
(2) 「しかし」では、前の文の内ようとは反対の内ようを文にしましょう。

最終《さいしゅう》チェック14

❶ 合うことばのほうを、◯でかこみましょう。

(1) ぼくは、何度も練習した。（だから／しかし）、さか上がりができた。

(2) ぼくは、何度も練習した。（だから／しかし）、さか上がりができなかった。

15 国語

ことばのきまり

こそあどことば

15ページ

❶ (1)これ　(2)どれ　(3)そこ　(4)あそこ
(5)こちら　(6)あちら　(7)そっち　(8)どっち
(9)この　(10)どの　(11)そんな　(12)あんな

❷ (1)あの　(2)ここ・あそこ

❸ (1)(小さな)花びん　(2)(ふん水のある)公園

ポイント

❶ ことばの初《はじ》めに「こ」「そ」「あ」「ど」がつくこと、ことばの終わりが、それぞれ共通《きょうつう》していることが、こそあどことばの特《とく》ちょうです。

❷ 話し手からも、相手（聞き手）からも遠いものをさすときは、「あ」がつくこそあどことばになります。

❸ (1)の「それ」は物を、(2)の「そこ」は場所をさしています。
また、(1)では「花びん」、(2)では「公園」をくわしくしていることばにも注目しましょう。(2)では、ただの「公園」ではなくて、「ふん水のある公園」であることを答えると、「そこ」のさしている場所がわかりやすくなります。

最終《さいしゅう》チェック15

❶ □のこそあどことばがさしていることばを選《えら》んで、記号を◯でかこみましょう。

(1) ㋐色紙で㋑つるを㋒折《お》った。［それ］を㋓テーブルの上に㋔置《お》いた。

(2) ㋐駅前のパン屋さんに㋑買い物に㋒行った。［そこ］で㋓友達《ともだち》に㋔会った。

国語

16 ことばのきまり 符号《ふごう》の使い方

1 (1)ウ　(2)ア　(3)オ　(4)イ　(5)エ

2 (1)①わたしは、母と父の帰りを待った。
②わたしは母と、父の帰りを待った。
(2)①ぼくは急いで、帰る兄を見た。
②ぼくは、急いで帰る兄を見た。

16ページ

ポイント

2 読点《とうてん》をつける位置《いち》によって文の意味が変《か》わることがあります。
(1)①では「母と父の二人の帰り」を、②では「父一人の帰り」を待つことになるよう読点《とうてん》をつけましょう。
(2)では、「急いで」いるのがだれなのか考えて、読点《とうてん》をつけるようにしましょう。

最終《さいしゅう》チェック16

1 〈　〉の意味になる文の記号を、〇でかこみましょう。

(1)〈わたしだけが作った。〉
ア わたしは、母と父の夕飯《ゆうはん》を作った。
イ わたしは母と、父の夕飯《ゆうはん》を作った。

(2)〈兄が急に見た。〉
ア 兄は、急にほえた犬を見た。
イ 兄は急に、ほえた犬を見た。

(3)〈車がゆっくり止まった。〉
ア 姉は、ゆっくり止まった車を見た。
イ 姉はゆっくり、止まった車を見た。

国語

17 読解《どっかい》 物語の読みとり(1)

1 (1)例《れい》お日様の(、ぽわっと)当たる
(2)例《れい》まほうみたいに、ぼわんと
※「まほうみたいに」、「ぼわんと」のどちらかだけを書いても正かいです。

2 (1)流星ぐん
(2)例《れい》ずっと楽しみに待っていた。
※「楽しみにしていた」ことが書かれていれば正かいです。

17ページ

ポイント

1 最初《さいしょ》の文に、真由子《まゆこ》たちがおべんとうを食べていたときの場所の様子が、二つ目の文に、ネコがあらわれた様子が書かれています。

2 (1)最初《さいしょ》の文に、「ようやく、約束《やくそく》の日がやってきた。」とあるとおり、この文章では、「約束《やくそく》の日」におきた出来事がえがかれています。二つ目の文に、「流星ぐんは、今夜がいちばんよく見える」とあります。
(2)最後《さいご》のだん落に、「ずっと楽しみに待っていた」と、光平《こうへい》が、この日をどんな気持ちで待っていたかが書かれています。

最終《さいしゅう》チェック17

■次の文章を読んで、問題に答えましょう。

午後から風が強くなってきた。その日の夜、家の近くでお祭りがあった。

1 お祭りがあった日は、天気はどうでしたか。

（　　　　　　）

18 国語 読解《どっかい》 物語の読みとり(2) 18ページ

1 例《れい》空き地(のすみ)でしゃがんでいる小原さんが、泣いていること。

2 ※「小原さんが泣いている」ことが書いてあれば正かいです。

(1)(たったそれだけのことなのに、)心までぎゅっと力が入る。

(2)例《れい》知らない場所でねるのは、初めてだったから。

ポイント

1 「真由子《まゆこ》は、ぴくっとも動けなくなった。」のすぐ前に、「(泣《な》いてるんだ。)」とあることに注目しましょう。これは、うずくまっている小原《おはら》さんを見て、真由子《まゆこ》が思ったことです。

2 (1)「心までぎゅっと力が入る」からは、光平《こうへい》が、はげまされてやる気になったことがわかります。

(2)「どうしてですか。」と問われているので、「〜から。」や「〜ので。」を使った答え方をしましょう。

最終《さいしゅう》チェック18

■ 次の文章を読んで、問題に答えましょう。

さわいでいて、兄の大事なもけいをこわしてしまった。ぼくはそれを持って、おそるおそる兄の前に行った。

1 兄の前に行ったときの「ぼく」の気持ちに合うほうの記号を、○でかこみましょう。

㋐ おこられるだろうなという気持ち。

㋑ ほめてくれるかもしれないという気持ち。

---

19 国語 読解《どっかい》 説明文《せつめいぶん》の読みとり(1) 19ページ

1 (1)まばたき

(2)例《れい》(空気中にたくさんただよっている、とても)細かいごみ

2 例《れい》目の表面を守るため。

3 (1)まず　(2)そして　(3)でも　に○

ポイント

1 こそあどことば「それ」のさす内ようは、「それ」より前にあることがほとんどです。まず、前の部分をよく読んで、さがすようにしましょう。

3 文をつなぐことばを選《えら》ぶときには、前後の文が、どんな関係《かんけい》でつながっているかを考えてみましょう。

最終《さいしゅう》チェック19

1 それがさしている事がらを選《えら》んで、記号を○でかこみましょう。

(1) ㋐母が㋑写真を㋒指さした。それは、わたしが㋓赤ちゃんのときのものだった。

(2) ㋐妹は、㋑黒いかさをさして㋒歩きだした。それは、㋓父がかしてくれたものだ。

(3) ㋐弟が、㋑四角い箱を持ってきた。それには、㋒たくさんの㋓シールが入っていた。

国語

20 読解《どっかい》 説明文《せつめいぶん》の読みとり(2)

20ページ

1 [1]ダム　[2]まっすぐ

2 (1)イ　に○

(2)復活　※(2)「ふっ活」と書いても正かいです。

ポイント

2 [2]～[4]のだん落の初《はじ》めのことばに注目しましょう。[2]「また」、[3]「しかし」、[4]「そこで」ということばと、それぞれのだん落の内ようから、それぞれのだん落の働《はたら》きを読みとりましょう。

最終《さいしゅう》チェック20

■次の文章を読んで、問題に答えましょう。

[1]　ヒマワリは、「太陽について回る花」という意味です。十七世紀《せいき》に日本に入ってきたときには、太陽の動きに合わせて花の向きが変《か》わると考えられていました。

[2]　ところが、ヒマワリは、実さいには、太陽について回る花ではありません。つぼみの間だけは太陽の方向に向きますが、花が開くとほとんど動かなくなります。

1 [2]のだん落について、合うものを一つ選《えら》んで、記号を○でかこみましょう。

㋐　[1]の内ようをくわしく説明《せつめい》している。

㋑　[1]の例《れい》をいくつか挙《あ》げている。

㋒　[1]と反対の内ようを説明《せつめい》している。

国語

21 作文 作文(1)

21ページ

1 (1)例《れい》追いかける。

(2)例《れい》えさによってくる。

2 (1)例《れい》ワンワンほえて、とてもうるさい。

(2)例《れい》雪がふっていて、とても寒い。

3 (1)例《れい》ザーザー・急いで

(2)例《れい》細かく・ジャージャー

(3)例《れい》チチチと・そっと

ポイント

1 (1)は犬の動き、(2)はとの動きがわかる述語《じゅつご》（どうする）を書いて文を作るようにしましょう。

2 (1)は犬の様子、(2)は外の様子がわかる述語《じゅつご》（どんなだ）を書いて文を作るようにします。「犬がほえる」「雪がふる」だけでなく、そのあとに、どんな様子だったのかを書きましょう。

3 何の様子を書けばよいのか、□の後の述語《じゅつご》に注目しましょう。(1)雨のふる様子、男の子が走る様子を、絵を見て考えるようにしましょう。

最終《さいしゅう》チェック21

1 次の様子に合うことばのほうを、○でかこみましょう。

(1)　雨がはげしくふる様子。

雨が（ぽつぽつ／ザーザー）ふる。

(2)　静《しず》かにする様子。

（そっと／さっと）、部屋《へや》を出ていく。

作文(2)

22ページ

❶
(1) 例《れい》シャツをきれいにたたんだ。
(2) 例《れい》食パンにジャムをたっぷりぬった。
(3) 例《れい》男の子が、お湯をカップにゆっくり注いだ。

❷
(1) 例《れい》シャボン玉がふわふわとんでいった。遠くまで行って、ぱちんとはじけて消えた。
(2) 例《れい》一輪車に乗ると、ふらふらしてしまう。練習しているうちに、少しずつ乗れるようになった。

ポイント

❶ (1)～(3)の〈 〉のことばは、どれも動作などの動きをくわしくするものです。だれ（何）のどんな動きにあてはまるかを考えて使うようにしましょう。

❷ (1)・(2)の〈 〉のことばも動きをくわしくします。(1)はシャボン玉、(2)では、一輪車《いちりんしゃ》に乗る男の子の様子に使えます。

最終《さいしゅう》チェック22

❶ 次の様子に合うことばのほうを、◯でかこみましょう。

(1) 軽い物がうかんでいる様子。
ちょうが〔ふわふわ／そわそわ〕とんでいる。

(2) よろける様子。
走り回って、足が〔ひらひら／ふらふら〕する。

最終《さいしゅう》チェック 答え

1 ❶(1)菜 (2)英 (3)材 (4)昨 (5)順 (6)録 (7)達 (8)結
2 ❶(1)笑 (2)芸 (3)例 (4)利 (5)陸 (6)径 (7)群 (8)借
3 ❶(1)受 (2)代 (3)重 (4)配 (5)料 (6)量
4 ❶(1)㋑ (2)㋐ (3)㋐ に○
5 ❶(1)はっしゃ (2)ひっしょう (3)けってい (4)てっきょう (5)こっき (6)しょっき
6 ❶(1)じっこう (2)けっかん (3)しっ (4)れっしゃ (5)ちょっかく (6)かっき
7 ❶(1)試・訓 (2)清・満 (3)各・司
8 ❶(1)末・未 (2)官・宮 (3)差・指 (4)直・治
9 ❶(1)器官・機関 (2)感心・関心 (3)体長・隊長
10 ❶(1)手 (2)鼻
11 ❶(1)走る (2)飛ぶ (3)古い (4)楽しい
12 ❶(1)口・5 (2)攵・7 (3)刂・6 (4)又・8
13 ❶(1)①市の ②九時から (2)①新しい ②くつには
14 ❶(1)だから (2)しかし に◯
15 ❶(1)㋑ (2)㋐ に○
16 ❶(1)㋐ (2)㋑ (3)㋐ に○
17 ❶午後から風が強くなってきた。
18 ❶㋐ に○
19 ❶(1)㋑ (2)㋑ (3)㋑ に○
20 ❶㋒ に○
21 ❶(1)ザーザー (2)そっと に◯
22 ❶(1)ふわふわ (2)ふらふら に◯

国語　しあげテスト　23ページ

1 ①ふじゆう　②連

2 目的地・安全

3 例《れい》(パピーウォーカーに)愛情いっぱいにのびのびと育てられる時期。

4 人とくらすよろこび
人を信らいする気持ち

5 3のだん落
例《れい》合格率が3割から4割で低いこと。
※「3割から4割」と「低い」のどちらかがあれば正かいです。

ポイント

1 ①「不」は「ふ」と読みます。「〜ではない」という意味なので、「不自由」は、自由ではないことを表します。

2 「視覚《しかく》しょうがい者のためにしょうがい物をさけたり、段差《だんさ》や曲がり角を教えたりして目的地《もくてき》まで安全につれていってくれる」とあります。目的《もくてき》地、安全という言葉を書きぬきましょう。

3 「この」とあるので、直前の内ようをたしかめましょう。

4 「人とくらすよろこびを経験《けいけん》し、人を信《しん》らいする気持ちを養《やしな》う」とあります。

5 「試験《しけん》」について書かれているのは3のだん落です。もうどう犬になれる犬は、とても少ないことがわかります。

社会　しあげテスト　24ページ

1 (1)北海道《ほっかいどう》，沖縄県《おきなわけん》
(2)群馬県《ぐんまけん》，鳥取《とっとり》県，熊本《くまもと》県，鹿児《かご》島《しま》県のうち2県が書かれていればよい。
(3)①横浜《よこはま》(市)　②仙台《せんだい》(市)

2 (1)イ　(2)うめ立て
(3)リユース，リサイクル

3 (1)イ　(2)ハザードマップ・ヘルメットの用意に○

ポイント

1 (1)地図でかくにんしましょう。海に面していない県は，全国に8県あります。地図で調べておきましょう。
(3)①は神奈川《かながわ》県です。②は宮城《みやぎ》県です。

2 (1)アはそ大ごみ，ウはもえる（もやす）ごみ，エはもえない（もやせない）ごみです。
(2)清《せい》そう工場でもやしたごみのはいの大部分は，うめ立てられますが，一部はアスファルトなどに利用《りよう》されます。
(3)3R《スリーアール》とは，文字の先頭がみんなRなので，こうよばれています。「リデュース」は買い物にマイバッグを使うなど，ごみをできるだけへらすこと。「リユース」は何度も使うことでごみをへらすこと。「リサイクル」は，使い終わったものをもう一度しげんにもどして，せい品にすることです。

3 (1)アはどしゃくずれ，イは交通事故《じこ》，ウは火山のふん火，エは津波《つなみ》または高潮《たかしお》です。
(2)ハザードマップは「防災《ぼうさい》地図」ともよばれ，市や都道府県などが災害《さいがい》ごとに予想されるひ害の地いきやひなん場所などをかきこんでつくります。「点字ブロック」は目の不自由《ふじゆう》な人のために歩道などに整びされたもので，「シートベルト」は身を守るために自動車についている仕組みです。

ちょっと

先取りドリル　国語

五年生で習う漢字

みんなよりひと足先に、五年生の漢字をちょっとだけ勉強してみよう!

全部できたら「合かくシール」をはろう!

1 □と□に漢字を書きましょう。うすい字は、数字の順《じゅん》になぞりましょう。

(1) 木（きへん）…工作の□《ざい》料《りょう》。□《まつ》林《ばやし》。

木が枝《えだ》をのばす。

文章の構《こう》成《せい》を考える。

桜《さくら》の花。がっしりした体《たい》格《かく》。

□は，五年生で習う漢字だよ。

(2) 糸（いとへん）…ひもを□《むす》ぶ。行列が□《つづ》く。

経《けい》験《けん》を生かす。

短《たん》編《ぺん》集《しゅう》を読む。

2 書《か》き順《じゅん》に気をつけて、□の漢字をなぞりましょう。

(1) 木（きへん）…木の枝《えだ》。文章の構《こう》成《せい》を考える。桜《さくら》の花。がっしりした体《たい》格《かく》。

(2) 糸（いとへん）…経《けい》験《けん》を生かす。短《たん》編《ぺん》集《しゅう》。

3 書《か》き順《じゅん》に気をつけて、□に漢字を書きましょう。

(1) 木の□《えだ》。文章の□《こう》成《せい》を考える。

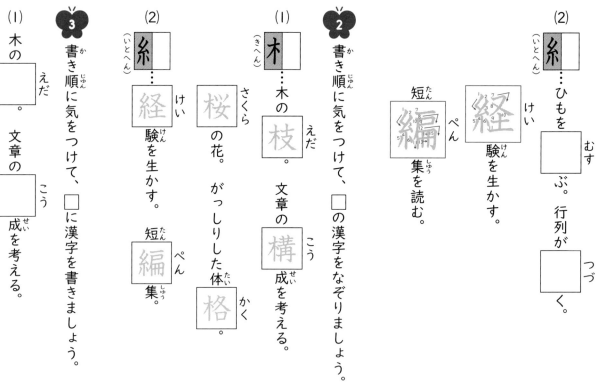

(2) □《さくら》の花。がっしりした体《たい》□《かく》。

(3) □《けい》験《けん》を生かす。短《たん》□《ぺん》集《しゅう》。

4 □と□に漢字を書きましょう。うすい字は、数字の順《じゅん》になぞりましょう。

(1) 阝(こざとへん)…軍《ぐん》□《たい》。□《りく》上《じょう》きょうぎの選手《せんしゅ》。
てきのこうげきを防《ふせ》ぐ。国《こく》際《さい》会議《かいぎ》。

(2) 言(ごんべん)…□《せつ》明《めい》を受ける。□《し》合《あい》。
ゆたかな知《ち》識《しき》。期間を設《せっ》定《てい》する。

(3) 辶(しんにょう)…家の近《きん》□《ぺん》。□《れん》休《きゅう》中の宿題。
目的地《もくてきち》とは逆《ぎゃく》の方向に来た。

自分の考えを述《の》べる。

5 書《か》き順《じゅん》に気をつけて、□の漢字をなぞりましょう。

(1) 阝(こざとへん)…こうげきを防《ふせ》ぐ。国《こく》際《さい》会議《かいぎ》。

(2) 言(ごんべん)…知《ち》識《しき》。期間を設《せっ》定《てい》する。

(3) 辶(しんにょう)…逆《ぎゃく》の方向。考えを述《の》べる。

6 書《か》き順《じゅん》に気をつけて、□に漢字を書きましょう。

(1) こうげきを□《ふせ》ぐ。国《こく》□《さい》会議《かいぎ》。

(2) ゆたかな知《ち》□《しき》。期間を□《せっ》定《てい》する。

(3) □《ぎゃく》の方向。考えを□《の》べる。

7 書《か》き順《じゅん》に気をつけて書きましょう。

（ ）は送りがな。《 》は小学校で習わない読み方。

- 枝　読み方　《シ》・えだ
- 桜　読み方　《オウ》・さくら
- 経　読み方　ケイ・《キョウ》・へ（る）
- 防　読み方　ボウ・ふせ（ぐ）
- 識　読み方　シキ
- 逆　読み方　ギャク・さか・さか（らう）
- 構　読み方　コウ・かま（える）・かま（う）
- 格　読み方　カク・《コウ》
- 編　読み方　ヘン・あ（む）
- 際　読み方　サイ・《きわ》
- 設　読み方　セツ・もう（ける）
- 述　読み方　ジュツ・の（べる）

8 □に漢字を書きましょう。

(1) 校庭の□《さくら》の木は、□《えだ》がりっぱだ。

(2) 国《こく》□《さい》会議《かいぎ》の会場を□《せっ》定《てい》する。

(3) ゆたかな知《ち》□《しき》と□《けい》験《けん》。

(4) 友達《ともだち》とは□《ぎゃく》の考えを□《の》べる。

(5) 兄は、体《たい》□《かく》ががっしりしている。

(6) そう音を□《ふせ》ぐ。

(7) 短《たん》□《ぺん》集《しゅう》の□《こう》成《せい》を考える。

先取りドリル 答え

1 ※うすい字はていねいに書きましょう。 (1)材・松 (2)結・続

2 (1)～(2)※ていねいに書きましょう。

3 (1)枝・構 (2)桜・格 (3)経・編

4 ※うすい字はていねいに書きましょう。 (1)隊・陸 (2)説・試 (3)辺・連

5 (1)～(3)※ていねいに書きましょう。

6 (1)防・際 (2)識・設 (3)逆・述

7 ※ていねいに書きましょう。

8 (1)桜・枝 (2)際・設 (3)識・経 (4)逆・述 (5)格 (6)防 (7)編・構

8 次の計算をしましょう。

〈例《れい》〉

1.3 7	…右へ②けた
× 2.1	…右へ①けた
1 3 7	
2 7 4	2＋1＝3
2.8 7 7	…左へ③けた

① 1.23×1.2

② 1.34×2.3

③ 2.16×3.1

④ 2.48×6.2

⑤ 3.57×4.5

⑥ 4.32×8.9

先取りドリル 答え

1 ①1.2 ②5.6 ③4.8 ④14.8 ⑤12 ⑥16.2 ⑦83.2 ⑧8.68

2 ① $\frac{1}{10}$の位《くらい》…1, $\frac{1}{100}$の位《くらい》…4, $\frac{1}{1000}$の位《くらい》…5

②(1) 7 (2) 3 (3) 2

3 ①(1)23.68 (2)236.8 (3)2368

②(1)10.25 (2)102.5 (3)1025

4 ①(1)8.26 (2)0.826

②(1)3.04 (2)0.304

5 ①1.6 ②5.4 ③3.6 ④8 ⑤7.8 ⑥4.8 ⑦0.06 ⑧0.72

6 ①0.24 ②0.16 ③0.55 ④1.54 ⑤2.88 ⑥1.96 ⑦2.82 ⑧5.31

7 ①1.68 ②2.72 ③3.75 ④6.16 ⑤7.14 ⑥9.92 ⑦13.86 ⑧26.88

8 ①1.476 ②3.082 ③6.696 ④15.376 ⑤16.065 ⑥38.448

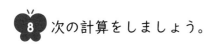

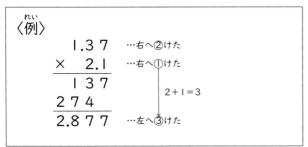

6 次の計算をしましょう。

〈例《れい》〉

$$\begin{array}{r} 1.4 \\ \times\ 0.3 \\ \hline 0.42 \end{array} \xrightarrow{\times 10} \begin{array}{r} 14 \\ \times\ \ 3 \\ \hline 42 \end{array}$$

小数点の位置
…右へ①けた
…右へ①けた
1＋1＝2
左へ②けた

42 → 0.42 （$\frac{1}{100}$）

①小数点がないものとして計算する。
②積《せき》の小数点は，かけられる数と，かける数の小数点の右にあるけたの数の和だけ，右から数えてうつ。

① $\begin{array}{r} 0.6 \\ \times 0.4 \\ \hline \end{array}$　② $\begin{array}{r} 0.2 \\ \times 0.8 \\ \hline \end{array}$

③ $\begin{array}{r} 1.1 \\ \times 0.5 \\ \hline \end{array}$　④ $\begin{array}{r} 2.2 \\ \times 0.7 \\ \hline \end{array}$

⑤ $\begin{array}{r} 3.2 \\ \times 0.9 \\ \hline \end{array}$　⑥ $\begin{array}{r} 2.8 \\ \times 0.7 \\ \hline \end{array}$

⑦ $\begin{array}{r} 4.7 \\ \times 0.6 \\ \hline \end{array}$　⑧ $\begin{array}{r} 5.9 \\ \times 0.9 \\ \hline \end{array}$

7 次の計算をしましょう。

〈例《れい》〉

$$\begin{array}{r} 2.3 \\ \times\ 1.6 \\ \hline 138 \\ 23\ \ \\ \hline 3.68 \end{array} \xrightarrow{\times 10} \begin{array}{r} 23 \\ \times\ 16 \\ \hline 138 \\ 23\ \ \\ \hline 368 \end{array}$$

…右へ①けた
…右へ①けた
1＋1＝2
…左へ②けた

368 → 3.68 （$\frac{1}{100}$）

① $\begin{array}{r} 1.4 \\ \times 1.2 \\ \hline \end{array}$　② $\begin{array}{r} 1.6 \\ \times 1.7 \\ \hline \end{array}$

③ $\begin{array}{r} 2.5 \\ \times 1.5 \\ \hline \end{array}$　④ $\begin{array}{r} 2.2 \\ \times 2.8 \\ \hline \end{array}$

⑤ $\begin{array}{r} 3.4 \\ \times 2.1 \\ \hline \end{array}$　⑥ $\begin{array}{r} 3.1 \\ \times 3.2 \\ \hline \end{array}$

⑦ $\begin{array}{r} 4.2 \\ \times 3.3 \\ \hline \end{array}$　⑧ $\begin{array}{r} 5.6 \\ \times 4.8 \\ \hline \end{array}$

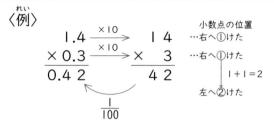

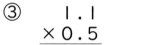

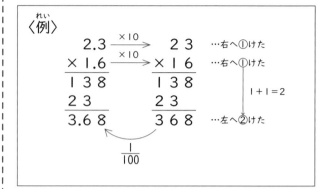

3 〈例《れい》〉をみて，10倍，100倍，1000倍の数を書きましょう。

〈例《れい》〉

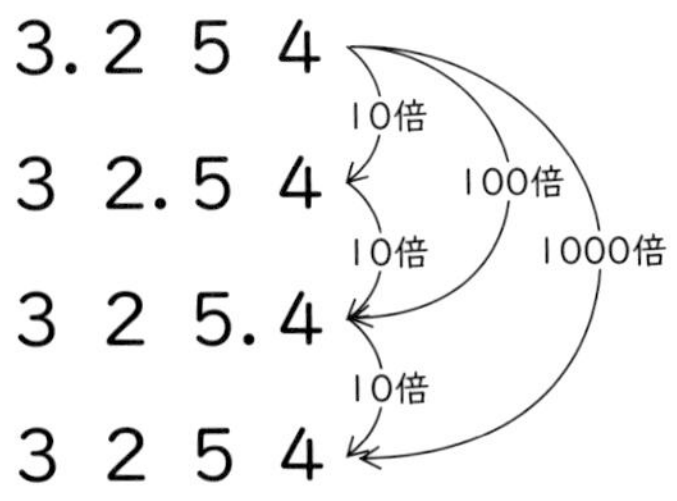

10倍すると，
小数点が
右に1けた
うつります。

① 2.368

(1) 10倍の数 [ ]

(2) 100倍の数 [ ]

(3) 1000倍の数 [ ]

② 1.025

(1) 10倍の数 [ ]

(2) 100倍の数 [ ]

(3) 1000倍の数 [ ]

4 〈例《れい》〉をみて，$\frac{1}{10}$，$\frac{1}{100}$の数を書きましょう。

〈例《れい》〉

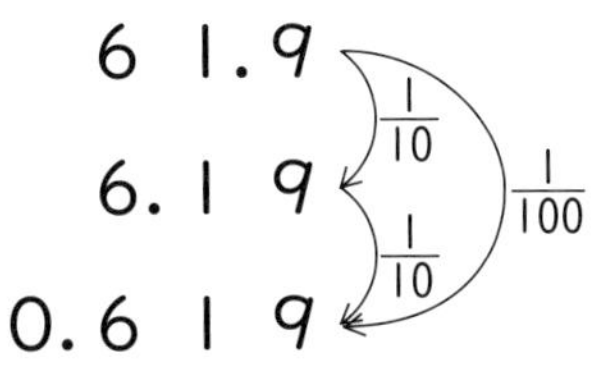

$\frac{1}{10}$にすると，
小数点が
左に1けた
うつります。

① 82.6

(1) $\frac{1}{10}$の数 [ ]

(2) $\frac{1}{100}$の数 [ ]

② 30.4

(1) $\frac{1}{10}$の数 [ ]

(2) $\frac{1}{100}$の数 [ ]

5 次の小数をかける筆算をしましょう。

〈例《れい》〉

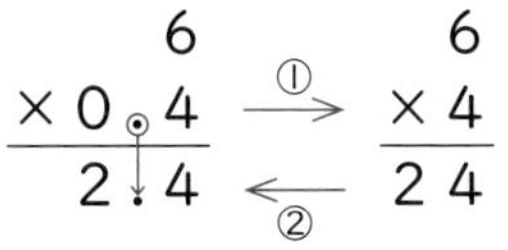

①整数と同じように計算する。
②かける数にそろえて，積《せき》の小数点をうつ。

① 8 × 0.2

② 9 × 0.6

③ 12 × 0.3

④ 16 × 0.5

⑤ 6 × 1.3

⑥ 4 × 1.2

⑦ 2 × 0.03

⑧ 8 × 0.09

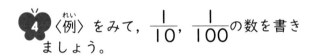

ちょっと 先取りドリル 算数

5年生で習う小数のかけ算

全部できたら「合かくシール」をはろう！

みんなよりひと足先に
5年生で習う小数のかけ算を
ちょっとだけ勉強してみよう！

1 次の計算をしましょう。〔4年生のおさらい〕

① 0.3×4＝

② 0.8×7＝

③
$$\begin{array}{r} 2.4 \\ \times\quad 2 \\ \hline \end{array}$$

④
$$\begin{array}{r} 3.7 \\ \times\quad 4 \\ \hline \end{array}$$

⑤
$$\begin{array}{r} 2.4 \\ \times\quad 5 \\ \hline \end{array}$$

⑥
$$\begin{array}{r} 0.9 \\ \times 18 \\ \hline \end{array}$$

⑦
$$\begin{array}{r} 3.2 \\ \times 26 \\ \hline \end{array}$$

⑧
$$\begin{array}{r} 1.24 \\ \times\quad 7 \\ \hline \end{array}$$

2 小数の位《くらい》は，次のようになっています。下の問題に答えましょう。

4	2	.	1	9	5
…十の位《くらい》	…一の位《くらい》	↑小数点	…$\frac{1}{10}$の位《くらい》	…$\frac{1}{100}$の位《くらい》	…$\frac{1}{1000}$の位《くらい》

① 3.145という数について，それぞれの位《くらい》の数を書きましょう。

$\frac{1}{10}$の位《くらい》…□　$\frac{1}{100}$の位《くらい》…□

$\frac{1}{1000}$の位《くらい》…□

② 1.732という数について，□にあてはまる数を書きましょう。

(1) $\frac{1}{10}$の位《くらい》の数字7は，0.1が□つあることを表しています。

(2) $\frac{1}{100}$の位《くらい》の数字3は，0.01が□つあることを表しています。

(3) $\frac{1}{1000}$の位《くらい》の数字2は，0.001が□つあることを表しています。

算数　しあげテスト　26ページ

1 ①115　②9.538　③50あまり2
④43

2 (左から)①0.08，0.27
②0.003，0.019

3 ①(式)　5×8＝40　(答え)　$40cm^2$
②(式)　9×7＝63，4×(16−7)＝36，
63＋36＝99
(答え)　$99m^2$

4 (式)　りんご240÷120＝2
みかん180÷60＝3
(答え)　みかん

ポイント

1 小数に整数をかける筆算では，整数のかけ算と同じように計算して，かけられる数にそろえて，積《せき》の小数点をうちます。

```
①   4.6          ②   0.2 5 1
  × 2 5             ×     3 8
  ─────             ─────────
   2 3 0               2 0 0 8
   9 2                 7 5 3
  ─────             ─────────
  1 1 5.0̸             9.5 3 8

③       5 0…2     ④         4 3
    7)3 5 2           1 8)7 7 4
      3 5                 7 2
      ─────               ─────
          2                 5 4
                            5 4
                            ───
                              0
```

2 ①　1目もりは，0.1を10等分した1つ分で，0.01です。
②　1目もりは，0.01を10等分した1つ分で，0.001です。

3 ①　長方形の面積《めんせき》＝たて×横
②　2つの長方形の面積《めんせき》の和，または，大きい長方形から小さい長方形をひいた面積《めんせき》として求《もと》めます。
ほかにも
9×16＝144，(9−4)×(16−7)＝45，
144−45＝99
(9−4)×7＝35，4×16＝64，35＋64＝99
と求《もと》められます。

4 先月のねだんをそれぞれ1とみて，わり合を求《もと》め，くらべます。

理科　しあげテスト　25ページ

1 ①㋓　②芽《め》(冬芽《とうが》《ふゆめ》)　③㋑

2 ①㋒　②(え)　③㋓

3 ①ふっとう　②水じょう気
③湯気《ゆげ》

ポイント

1 ①②　サクラ(ソメイヨシノ)は，春に花をさかせて夏に緑色の葉を多くしげらせ，秋には葉の色が赤色や黄色に変わり，冬には葉が落ちて，えだに芽(冬芽)ができます。
③　オオカマキリは，春にたまごがかえり(㋓)，夏にはよう虫が育ってさかんに活動し(㋐)，秋にはめすがたまごをうみ(㋒)，冬にはたまごだけが見られます(㋑)。

2 ①　右側《がわ》が明るい半月が南の空に見られるのは夕方です。
②　月は時間がたつと，南から西へ動いて見えます。
③　月の形は毎日少しずつ変《か》わり，同じ形の月が見られるようになるのは，約1か月後です。

3 ①　熱《ねつ》したときにさかんに水の中からあわが出ることを，ふっとうといいます。
②③　ビーカーの水を熱すると，えき体から気体に変わります。水の気体を水じょう気といい，目に見えません。この水じょう気は空気中で冷《ひ》やされて小さな水のつぶ(えき体)になるので，(あ)に白いけむりのように見えます。このようにしてできる白いけむりのようなものを湯気といいます。

最終《さいしゅう》チェックの答え

1 ❶六十五兆《ちょう》八百四十九億《おく》二千三十万

❷①2730040500000　②1506720000

2 ❶①＞　②＜

❷10倍した数…3兆《ちょう》，10でわった数…300億《おく》

3 ❶①35000　②710000

❷13500(以上《いじょう》)14500(未満《みまん》)

4 ❶①2つ　②46　③307　④590

❷①2.85　②0.719

5 ❶4.803

❷①＞　②＜

❸①2.6　②10.41

❹①0.05　②0.309

6 ❶①$1\frac{3}{7}$　②$\frac{13}{9}$

7 ❶①86940　②306832

❷①98000　②120000

8 ❶①50　②50　③9　④6あまり40　⑤17

⑥12あまり3　⑦30あまり1

9 ❶①156　②164あまり3　③209　④47あまり5

⑤90あまり1　⑥50あまり6

10 ❶①8　②15　③32あまり3

11 ❶①5.57　②9　③15.324　④6.51　⑤5.17

⑥1.847

12 ❶①27.3　②78　③40.8　④1.44　⑤13.72

⑥21.9

13 ❶①4.6　②0.7　③0.34　④0.006

14 ❶①$\frac{7}{9}$　②$1\frac{1}{3}\left[\frac{4}{3}\right]$　③$2\frac{5}{7}\left[\frac{19}{7}\right]$　④$3\frac{1}{9}\left[\frac{28}{9}\right]$

⑤$\frac{1}{5}$　⑥$\frac{4}{5}$　⑦$1\frac{3}{7}\left[\frac{10}{7}\right]$　⑧$\frac{3}{5}$

15 ❶①125°　②250°

16 ❶①式 7×12＝84　答え 84cm^2

②式 9×9＝81　答え 81m^2

17 ❶①式 8×4＝32，(8－3)×(9－4)＝25，32＋25＝57

〔または，8×9＝72，3×(9－4)＝15，72－15＝57

または，3×4＝12，(8－3)×9＝45，12＋45＝57〕

答え 57cm^2

②式 9×12－4×4＝92　答え 92m^2

18 ❶①(直線)イ(と)エ　②(直線)ウ(と)オ

19 ❶①1　②2

20 ❶①長方形　②正方形

21 ❶①4cm　②点ア，点キ

22 ❶①辺《へん》アイ，辺《へん》アオ，辺《へん》エウ，辺《へん》エク

②頂点《ちょうてん》エ

23 ❶①午後2時で26度　②午前11時から午前12時の間

24 ❶㋐2　㋑3　㋒41

25 ❶①(左から)5，6，7

②□＋2＝○〔または○－□＝2，○－2＝□〕

③7こ

26 ❶①12　②24

❷(順《じゅん》に)①20，560　②6，360

27 ❶式 3000＋4000＝7000　答え 約《やく》7000円

❷式 40000÷800＝50　答え 約《やく》50さつ

28 ❶式 75÷5＝15　答え 15cm

❷式 140÷6＝23あまり2

答え 23箱できて，2こあまる。

❸式 200÷24＝8あまり8，8＋1＝9　答え 9まい

29 ❶式 24÷3＝8　答え 8倍

❷式 45÷3＝15　答え 15こ

❸式 30÷6＝5，24÷4＝6　答え 青いゴム

30 ❶式 1000－140×6＝160　答え 160円

❷式 900÷(105－5)＝9　答え 9さつ

31 ❶式 530－170＝360，360÷3＝120，170－120＝50

答え 消しゴム…50円，ノート…120円

❷式 30－4＝26，26÷2＝13，13＋4＝17

〔30＋4＝34，34÷2＝17，17－4＝13〕

答え りんご…13こ，なし…17こ

32 ❶式 3＋2＝5，5×4＝20　答え 20まい

② 式 15－1＝14，14÷2＝7
答え 7こ

③ 式 250－110＝140，140÷2＝70，
110－70＝40
答え 消しゴム…40円，えん筆…70円

④ 式 24－6＝18，18÷2＝9，
9＋6＝15
〔または，24＋6＝30，30÷2＝15，
15－6＝9〕
答え 赤い色紙…9まい
青い色紙…15まい

⑤ 式 15－11＝4，4÷2＝2
〔または，15＋11＝26，
26÷2＝13，15－13＝2〕 答え 2こ

ポイント

● ①～⑤かん単《たん》な図をかいて考えると，わかりやすくなります。

① 240円と140円の差《さ》は，ノート1さつのねだんです。

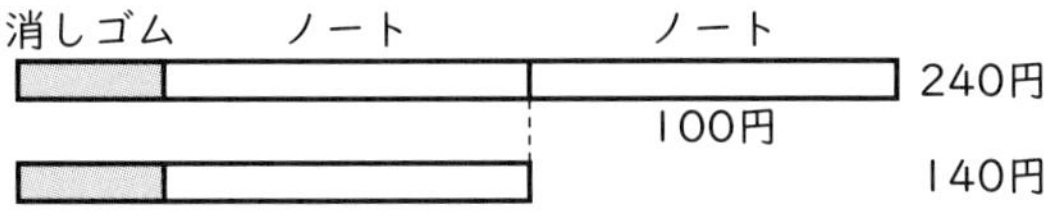

② 15－1＝14(こ)が，りんごの数の2倍になります。

③ 250円と110円の差《さ》は，えん筆2本のねだんです。

④
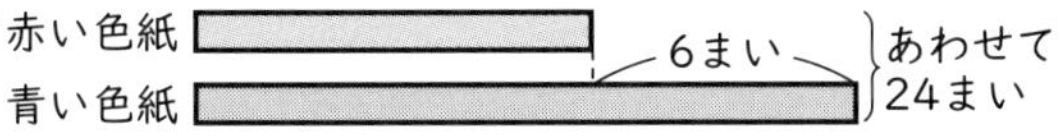

24－6＝18(まい)は，赤い色紙の数の2倍です。または，24＋6＝30(まい)は，青い色紙の数の2倍です。

⑤ 15－11＝4(こ)多いので，これを2等分します。

最終《さいしゅう》チェック31

❶ 消しゴム1ことノート1さつでは170円，同じ消しゴム1ことノート4さつでは530円です。消しゴム1こ，ノート1さつのねだんは，それぞれ何円ですか。

式

答え（　　　　　　　　）

❷ りんごとなしがあわせて30こあります。なしは，りんごより4こ多いそうです。りんごとなしはそれぞれ何こありますか。

式

答え（　　　　　　　　）

算数 32 文章題 いろいろな問題(2) 27ページ

① 式 2×3＝6 答え 6倍

② 式 8÷5＝1.6 答え 1.6倍

③ 式 300－120＝180，180÷3＝60
答え 60円

④ 式 6－2＝4，4×3＝12
答え 12まい

⑤ 式 4×2＝8，32÷8＝4
〔または，32÷4＝8，8÷2＝4〕
答え 4こ

ポイント

① 白いテープの長さ×3＝青いテープの長さ
青いテープの長さ×2＝赤いテープの長さ

● ③④順《じゅん》にもどして考えます。

③ えん筆3本の代金は，300－120＝180(円)です。

④ 3人で分けた1人分の数は，6－2＝4(まい)です。

⑤ 赤いおはじきの数＝黄色いおはじきの数×4，黄色いおはじきの数＝青いおはじきの数×2，ですから，赤いおはじきの数は，青いおはじきの数の4×2＝8(倍)です。

最終《さいしゅう》チェック32

❶ めいさんたち4人に，画用紙を同じ数ずつ配りました。めいさんは3まい使ってしまったので，残《のこ》りが2まいになりました。めいさんたち4人に配った画用紙は全部で何まいでしたか。

式 答え（　　　　）

❸ 画用紙1まいから，カードを24まいつくることができます。200まいのカードをつくるには，画用紙は何まいあればよいですか。

式　　　　　　　　答え（　　　　）

算数 29 文章題
わり算(2)
30ページ

① 96 ÷ 8

② 45 ÷ 3

③ 式　72÷18＝4　答え　4倍

④ 式　960÷4＝240　答え　240円

⑤ 式　30÷10＝3，20÷5＝4
答え　白いばね

ポイント

● ①③ある数がもとの数の何倍になるかを求《もと》めるには，わり算を使います。
もとの数は，①はりんごの数，③は大人の人数です。

● ②④もとの数を求《もと》める問題です。

② 45本を3でわります。

④ 960円を4でわります。

⑤ 黒いばねは10cmを，白いばねは5cmを，それぞれ1とみて，わり合を求《もと》め，くらべます。

最終《さいしゅう》チェック29

❶ ビルの高さは24m，木の高さは3mです。ビルの高さは，木の高さの何倍ですか。

式　　　　　　　　答え（　　　　）

❷ いちごの数は，みかんの数の3倍で45こあります。みかんは何こありますか。

式　　　　　　　　答え（　　　　）

❸ 赤いゴムと青いゴムがあります。赤いゴムは，6cmが30cmまでのびます。青いゴムは，4cmが24cmまでのびます。どちらがよくのびるゴムといえますか。

式　　　　　　　　答え（　　　　）

算数 30 文章題
1つの式でとく問題
29ページ

① 式　70＋30×4＝190　答え　190円

② 式　500－460÷2＝270
答え　270円

③ 式　150×2－40×5＝100
答え　100円

④ 式　(50＋80)×5＝650
答え　650円

⑤ 式　400÷(85－5)＝5　答え　5本

ポイント

● ①～③たし算やひき算と，かけ算やわり算のまじった式では，かけ算やわり算を先に計算します。このことをもとにして，1つの式をつくります。

② ゆいさんが使ったお金は，
460÷2＝230(円)です。

③ りんごの代金…150×2＝300(円)
みかんの代金…40×5＝200(円)

④ 50円切手と80円切手1まいずつを組にして考えます。(　)を使い，(50＋80)として式をつくります。

⑤ 安くなった1本のねだんを，(85－5)として式をつくります。

最終《さいしゅう》チェック30

❶ 1こ140円のりんごを6こ買いました。1000円出すと，おつりは何円ですか。
1つの式に表し，答えを求《もと》めましょう。

式　　　　　　　　答え（　　　　）

❷ 1さつ105円のノートを5円安くして売っています。900円では何さつのノートを買うことができますか。(　)を使って1つの式に表し，答えを求《もと》めましょう。

式　　　　　　　　答え（　　　　）

算数 31 文章題
いろいろな問題(1)
28ページ

① 式　240－140＝100　答え　100円

最終《さいしゅう》チェック26

❶ 次の計算をしましょう。

① 72÷(15−9)＝

② 18＋54÷9＝

❷ □にあてはまる数を書きましょう。

① 28×4×5
＝28×□
＝□

② 28×6＋32×6
＝(28＋32)×□
＝□

算数 27 文章題 がい数の問題 32ページ

① 式 23000＋19000＝42000
答え 約《やく》42000人

② 式 300＋300＋400＝1000
答え 買える

③ 式 28000−26000＝2000
答え 約《やく》2000人

④ 式 400×50＝20000
答え 約《やく》20000kg

⑤ 式 80000÷40＝2000
答え 約《やく》2000円

ポイント

- ①～⑤計算の見積《みつ》もりは，がい数にしてから計算します。
- ①千の位《くらい》まで求めるので，百の位《くらい》を四捨五入《ししゃごにゅう》してから計算します。
- ②ねだんを高めに見積もるため，十の位《くらい》を切り上げて計算します。280＋240＋390は，300＋300＋400より小さいので買えます。
- ③千の位《くらい》まで求《もと》めるので，百の位《くらい》を四捨五入《ししゃごにゅう》してから計算します。
- ④⑤上から2けた目の数を四捨五入《ししゃごにゅう》してから計算します。

最終《さいしゅう》チェック27

❶ かいとさんは2880円の服と4360円のくつを買いました。代金は全部で約《やく》何千円といえますか。

式

答え（　　　）

❷ 本を買うためのお金が38600円あります。1さつ780円の本を買うとすると，約《やく》何さつ買えますか。上から1けたのがい数にして，商を見積《みつ》もりましょう。

式

答え（　　　）

算数 28 文章題 わり算(1) 31ページ

① 52÷4

② 式 72÷6＝12　答え 12こ

③ 式 108÷12＝9　答え 9箱

④ 式 50÷4＝12あまり2
答え 12人に分けられて，2本あまる。

⑤ 式 300÷18＝16あまり12
16＋1＝17
答え 17回

ポイント

- ①(全部の色紙の数)÷(人数)＝(1人分の数)
- ②(全部のあめの数)÷(人数)＝(1人分の数)
- ③(全部のりんごの数)÷(1箱のりんごの数)＝(箱の数)
- ④あまりは，わる数より小さいか，たしかめましょう。
- ⑤あまりの12この荷物を運ぶのにも，1回かかるので，答えは，16＋1＝17(回)です。

最終《さいしゅう》チェック28

❶ 75cmのテープを，同じ長さに5本に切ると，1本は何cmになりますか。

式　　答え（　　　）

❷ 石けんが140こあります。これを1箱に6こずつ入れます。6こ入りの箱は，何箱できますか。また，何こあまりますか。

式

答え（　　　）

\ 最終《さいしゅう》チェック24 /

❶ 下の表は，ゆうやさんの学校でのけがの種類《しゅるい》とけがをした場所を調べて整理したものです。

けがの種類《しゅるい》と場所　（人）

	教室	校庭	体育館	ろうか	合計
打ぼく	3	1	2	4	10
切りきず	2	6	3	2	13
すりきず	1	㋐	1	0	4
ねんざ	2	4	5	㋑	14
合計	8	13	11	9	㋒

表の㋐～㋒にあてはまる数を求《もと》めましょう。

算数 25 変化《へんか》と関係《かんけい》

変《か》わり方　34ページ

① ①(左から)12，11，10，9
②1こ　③16こ　④□＋○＝16
〔または，16－□＝○，16－○＝□〕
⑤7こ

② ①(左から)12，16，20，24
②□×4＝○〔または，○÷□＝4，○÷4＝□〕　③32cm

ポイント

①④　姉と妹のおはじきの数の和は，いつも16こですから，□＋○＝16です。また，妹のおはじきの数は，16こから姉のおはじきの数をひいた数ですから，16－□＝○となります。
⑤　16－9＝7(こ)

②②　まわりの長さは，いつもいちばん下のだんの正方形の数の4倍になっていますから，□×4＝○と表せます。
③　8×4＝32(cm)

\ 最終《さいしゅう》チェック25 /

❶ 1辺《ぺん》が1cmの正三角形を，下の図のように横につないで，まわりの長さを調べます。

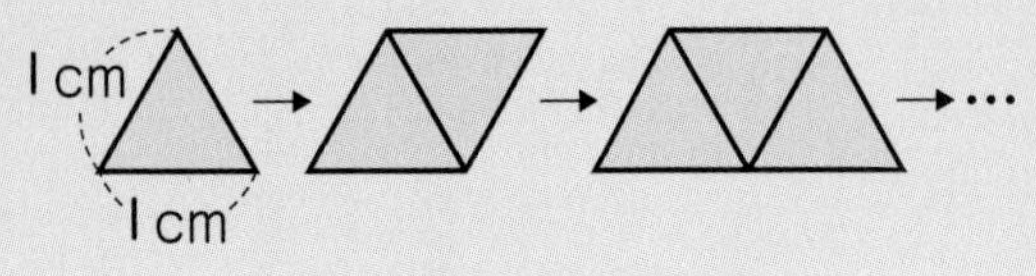

①　下の表のあいているところに，あてはまる数を書きましょう。

正三角形の数(□こ)	1	2	3	4	5
まわりの長さ(○cm)	3	4			

②　正三角形の数を□こ，まわりの長さを○cmとして，□と○の関係《かんけい》を式に表しましょう。（　　　　　　）

③　まわりの長さが9cmになるのは，正三角形が何このときですか。
（　　　）

算数 26 計算

計算のきまり　33ページ

① ①20　②96

② ①350　②190　③320　④15

③ ①76　②34　③44

④ ①6　②25　③9　④(左から)7，7

⑤ (左から)①100，3700　②3，6.3
③7，420　④8.3，16.6

ポイント

① かけ算とわり算のまじった式の計算は，左から順《じゅん》に計算します。
①　16×5÷4＝80÷4　②　72÷6×8＝12×8

② (　)のある式は，(　)の中を先に計算します。

③ たし算やひき算とかけ算やわり算のまじった式は，かけ算やわり算を先に計算します。
①　100－6×4＝100－24
②　25＋72÷8＝25＋9
③　4×15－80÷5＝60－16

④ かけ算には，次のようなきまりがあります。
□×○＝○×□，(□×○)×△＝□×(○×△)
(　)を使った式の計算には，次のようなきまりがあります。
(□＋○)×△＝□×△＋○×△
(□－○)×△＝□×△－○×△

⑤ 計算のきまりを使うと，計算がかんたんになるときがあります。④の計算のきまりは，小数のときにも成《な》り立ちます。

ポイント

①① 点アを通る3つの辺《へん》の辺《へん》アイ，辺《へん》アエ，辺《へん》アオは垂直《すいちょく》に交わっています。
③ 1つの辺《へん》に平行な辺《へん》は3つあります
②① 1つの面に垂直《すいちょく》な辺《へん》は4つあります。
② 1つの面に平行な辺《へん》は4つあります。
③立体の頂点《ちょうてん》の位置《いち》は，3つの数の組で表すことができます。

最終《さいしゅう》チェック22

❶ 右の直方体について，次の問題に答えましょう。

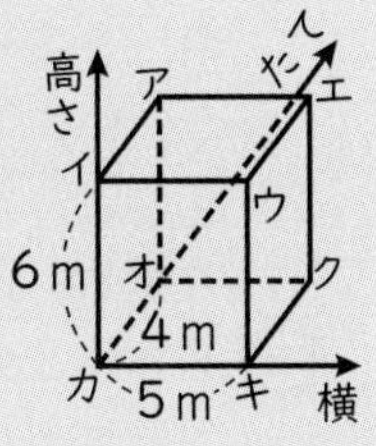

① 辺《へん》アエに垂直《すいちょく》な辺を全部書きましょう。

(　　　　　　　)

② 頂点《ちょうてん》カをもとにすると，(横5m，たて4m，高さ6m)の位置《いち》にあたる頂点《ちょうてん》はどれですか。(　　　　)

算数 23 データの活用

折《お》れ線グラフ

36ページ

①①横…時こく
たて…気温
②1度 ③22度
④あウ いア
うイ

②①右のグラフ
②0.4度
③午後4時から
午後6時の間

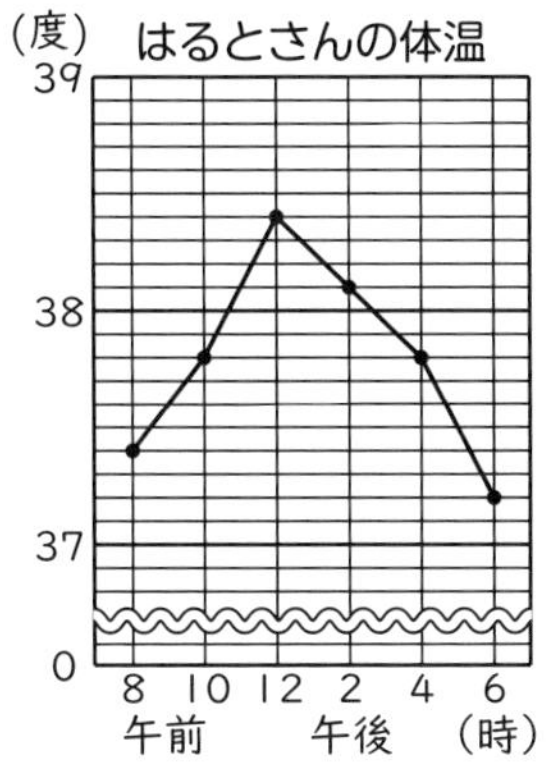

ポイント

①③ 午前11時のところにあるたての線が，折《お》れ線と交わる点の気温を読みます。
④ 折《お》れ線グラフでは，線のかたむきで変《か》わり方がわかります。
②① たてのじくの1目もりは0.1度です。
② 午前8時は37.4度，午前10時は37.8度ですから，0.4度上がっています。
③ 線のかたむきが急であるほど，変《か》わり方が大きいことを表します。

最終《さいしゅう》チェック23

❶ ある日の気温を調べて，右の折《お》れ線グラフに表しました。

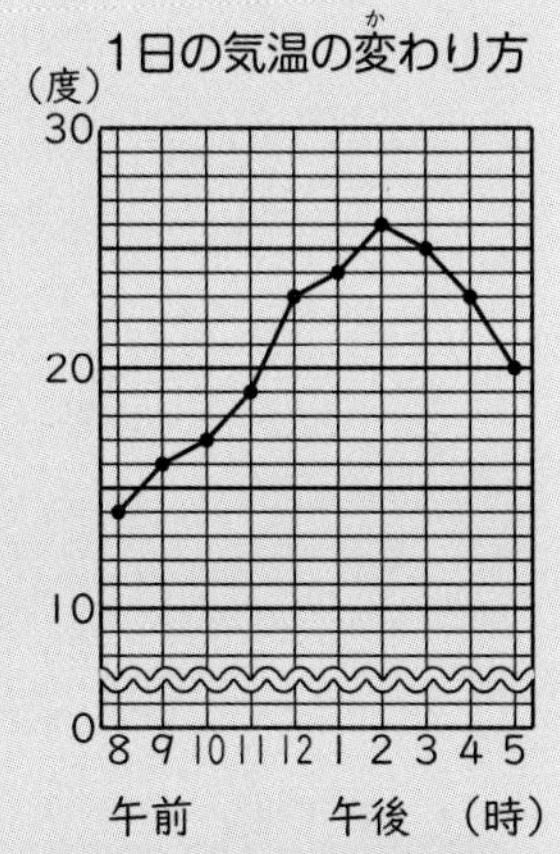

① 気温がいちばん高かったのは，何時で，何度ですか。

(　　　　　　)

② 気温の上がり方がいちばん大きかったのは，何時から何時の間ですか。

(　　　　　　)

算数 24 データの活用

しりょうの整理

35ページ

① ①7人 ②3人 ③8人 ④13人

② ①

けがの種類《しゅるい》と場所 (人)

	教室	校庭	体育館	ろうか	合計
打ぼく	2	0	1	2	5
切りきず	2	3	2	1	8
すりきず	0	1	1	1	3
ねんざ	1	2	1	0	4
合計	5	6	5	4	20

②切りきず ③校庭

ポイント

①① 図書館のらんを横に見て，童話のらんの数を見ます。
③ 自分の家の横のらんの合計です。
④ 物語のたてのらんの合計です。
②① けがの種類《しゅるい》とけがをした場所のあてはまるらんに，「正」の字を書いていくとミスがなくなります。もれや重なりがないように，ていねいに整理していくことが大切です。
②，③は①でつくった表を見て答えます。
② 右の合計のらんで，いちばん多いのは8人の切りきずです。
③ 下の合計のらんで，いちばん多いのは6人の校庭です。

最終《さいしゅう》チェック19

❶ 次の(　)にあてはまる数字を書きましょう。

① 台形は，向かいあった(　　　)組の辺《へん》が平行な四角形です。

② 平行四辺形は，向かいあった(　　　)組の辺《へん》が平行な四角形です。

算数 20 図形 四角形(2) 39ページ

1 ①7cm　②70°

2 対角線

3 ①平行《へいこう》四《し》辺形《へんけい》　②ひし形

4 ①あ，い，え，お　②あ，お
③あ，い　④あ，お

ポイント

1 ① 辺《へん》イウは，辺《へん》アエと長さが等しい。
② 角あと向かいあった角の大きさは等しい。

2 四角形に対角線は2本ひけます。

3 対角線の長さと交わり方から考えます。わかりにくいときは，実さいにかきましょう。

①
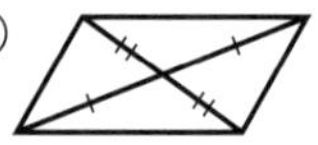
②
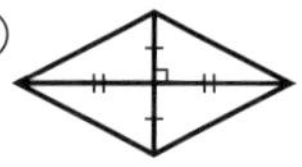

4 正方形は①～④のどれにもあてはまります。

最終《さいしゅう》チェック20

❶ 次の2本の直線を対角線として四角形をかくと，何という四角形ができますか。

①
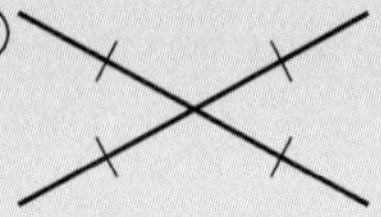
(　　　)

②
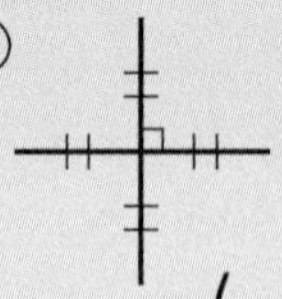
(　　　)

算数 21 図形 立体(1) 38ページ

1 直方体…い，お　立方体…う

2

	直方体	立方体
面の数	6	6
辺《へん》の数	12	12
頂点《ちょうてん》の数	8	8

3 あ，う

4 ①3cm　②6cm　③辺《へん》サシ

ポイント

1 いやおのように，長方形だけでかこまれた形や，長方形と正方形でかこまれた形を直方体といいます。
うのように，正方形だけでかこまれた形を立方体といいます。

2 直方体と立方体の面の数，辺《へん》の数，頂点《ちょうてん》の数はそれぞれ同じです。

3 いのてん開図を組み立てると，重なる面があり，立方体はできません。

4 てん開図を組み立てて，頂点《ちょうてん》に記号をつけると，右のようになります。

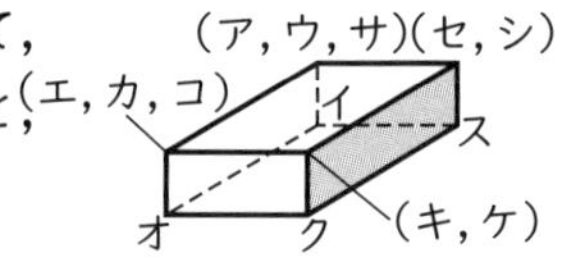

最終《さいしゅう》チェック21

❶ 次のてん開図を組み立ててできる直方体について，問題に答えましょう。

① 辺《へん》イウの長さは何cmですか。
(　　　)

② 点ウと重なる点を全部書きましょう。(　　　)

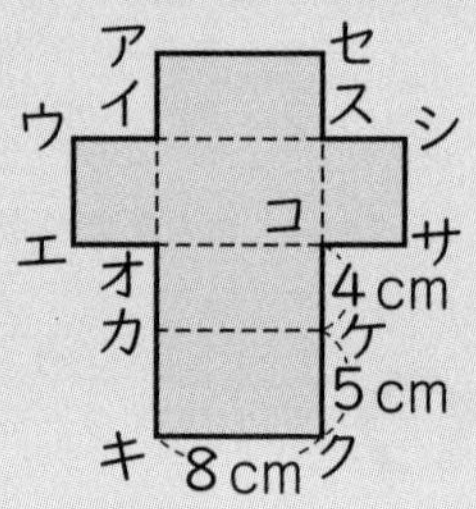

算数 22 図形 立体(2) 37ページ

1 ①辺《へん》アエ，辺《へん》アオ
②辺《へん》アエ，辺《へん》イウ，辺《へん》ウキ，辺《へん》エク
③辺《へん》アオ，辺《へん》ウキ，辺《へん》エク

2 ①辺《へん》アオ，辺《へん》イカ，辺《へん》ウキ，辺《へん》エク
②辺《へん》アイ，辺《へん》イウ，辺《へん》ウエ，辺《へん》エア
③平行　④垂直《すいちょく》

3 頂点《ちょうてん》ク

4 ①式　7×4=28，(7−5)×3=6，
28+6=34　答え　34cm²

［または，(7−5)×(4+3)=14，
5×4=20，14+20=34
または，7×(4+3)=49，5×3=15，
49−15=34］

②式　5×7−3×2=29
答え　29m²

ポイント

1 面積《めんせき》を求《もと》める公式を使います。

2 ①　1m=100cm，100×100=10000(cm²)
②　1a=10m×10m
1ha=100m×100m
④　1km=1000m，1000×1000=1000000(m²)

3 横の長さを□cmとすると，6×□=54から，□=54÷6で求《もと》めます。

4 ①　2つの長方形の面積《めんせき》の和，または，正方形から長方形をひいた面積《めんせき》として求《もと》めます。

最終《さいしゅう》チェック17

1 ■の部分の面積《めんせき》を求《もと》めましょう。

①
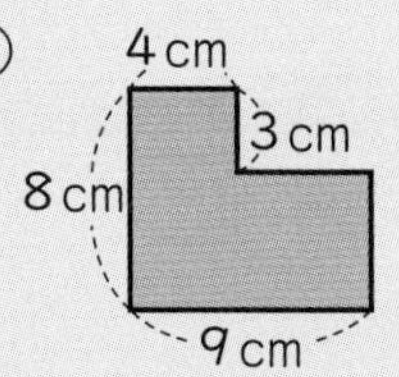

②
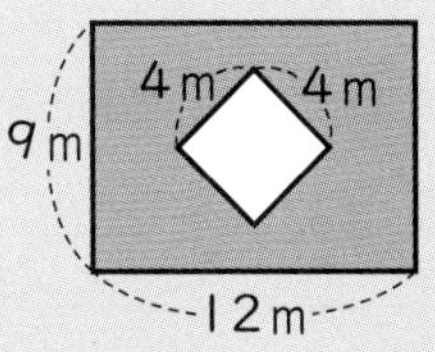

式

答え(　　)　答え(　　)

算数 18 図形 垂直《すいちょく》と平行　41ページ

1 ①あ　②い

2 ①直線ウ
②直線エ

3 ①50°　②130°

4 (右の図)

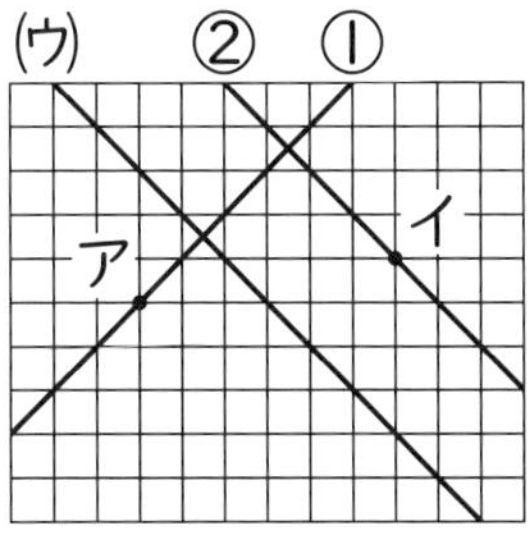

ポイント

1 ②　平行な直線は，どこまでのばしても交わらず，はばはどこも等しくなっています。

2 ②　1本の直線オに垂直《すいちょく》な2本の直線イとエは平行です。

3 平行な直線は，ほかの直線と等しい角度で交わるので，あは50°です。あ+いは180°です。

4 方がんを使ってかくこともできます。

最終《さいしゅう》チェック18

1 右の図のようなア〜オの直線があります。

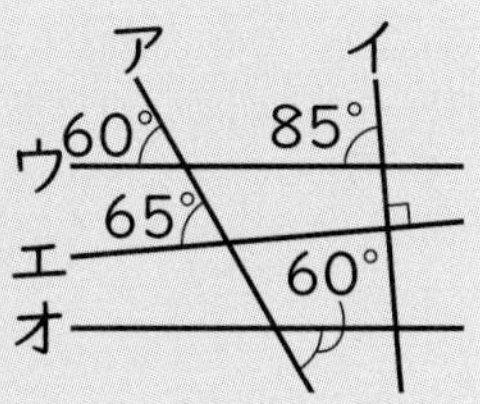

①　垂直《すいちょく》な直線はどれとどれですか。

直線(　　)と(　　)

②　平行な直線はどれとどれですか。

直線(　　)と(　　)

算数 19 図形 四角形(1)　40ページ

1 辺《へん》アエ(と)辺《へん》イウ

2 ①辺《へん》アイ(と)辺《へん》エウ，辺《へん》アエ(と)辺《へん》イウ
②辺《へん》イウ　③角う

3 ①等しい
②辺《へん》エウ
③角う

4 (右の図)

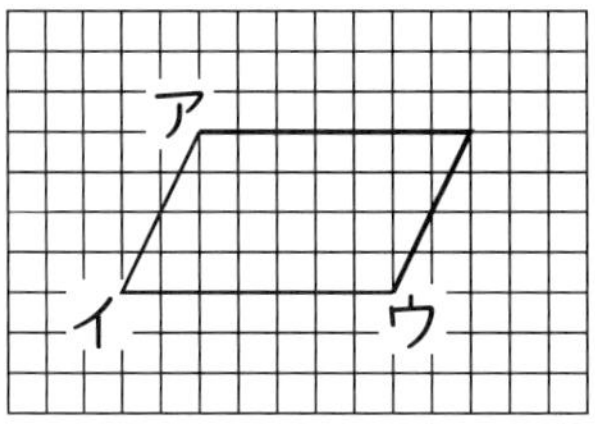

ポイント

1 台形は，向かいあった1組の辺《へん》が平行な四角形です。

2 ①　平行四辺形《へいこうしへんけい》は，向かいあった2組の辺《へん》が平行な四角形です。
②③　平行四辺形《へいこうしへんけい》の向かいあった辺《へん》の長さは等しく，向かいあった角の大きさは等しい。

3 ①　ひし形は，4つの辺《へん》の長さが等しい。
②③　ひし形の向かいあった辺《へん》は平行で，向かいあった角の大きさは等しい。

8 分数部分でひけないときは，整数部分からくり下げます。

① $2\frac{1}{3}-\frac{2}{3}=1\frac{4}{3}-\frac{2}{3}=1\frac{2}{3}\left[\frac{5}{3}\right]$

② $4-1\frac{2}{7}=3\frac{7}{7}-1\frac{2}{7}=2\frac{5}{7}\left[\frac{19}{7}\right]$

最終《さいしゅう》チェック14

❶ 次の計算をしましょう。

① $\frac{2}{9}+\frac{5}{9}=$　② $\frac{2}{3}+\frac{2}{3}=$

③ $1\frac{2}{7}+1\frac{3}{7}=$　④ $1\frac{8}{9}+1\frac{2}{9}=$

⑤ $\frac{3}{5}-\frac{2}{5}=$　⑥ $\frac{7}{5}-\frac{3}{5}=$

⑦ $1\frac{6}{7}-\frac{3}{7}=$　⑧ $2\frac{2}{5}-1\frac{4}{5}=$

算数 15 図形 角の大きさ　44ページ

1 ①90　②180

2 ①あ90　い45　う45
②あ90　い60　う30

3 ①55°　②130°　③225°

4 ①
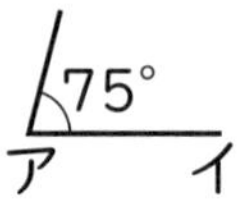

②

5 あ135°　い45°

ポイント

1

〈直角〉　〈半回転の角〉　〈1回転の角〉

2 三角じょうぎの角の大きさを覚《おぼ》えておきましょう。

3 ③　次の2通りのはかり方があります。
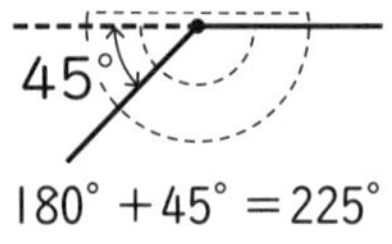

または

180°＋45°＝225°　360°－135°＝225°

4 ②　次の2通りのかき方があります。
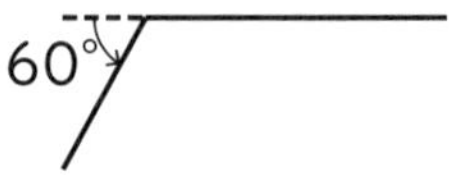

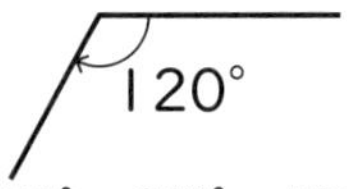

240°＝180°＋60°　240°＝360°－120°

5 あ＋45°は一直線で180°です。

最終《さいしゅう》チェック15

❶ 分度器《ぶんどき》を使って，次のあの角度をはかりましょう。

①
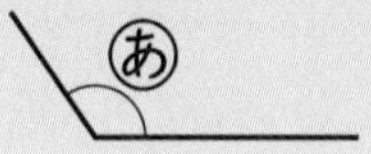

(　　)

②
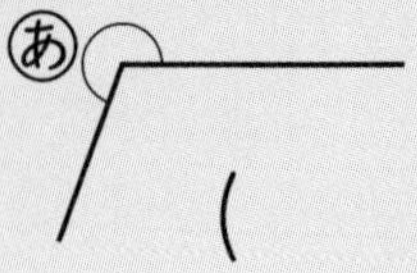

(　　)

算数 16 図形 面積《めんせき》(1)　43ページ

1 ①$2cm^2$　②$5cm^2$

2 ①cm^2　②m^2　③km^2

3 ①式　3×5＝15　答え　$15cm^2$
②式　4×4＝16　答え　$16cm^2$

4 ①式　4×6＝24　答え　$24m^2$
②式　8×8＝64　答え　$64m^2$

ポイント

1 1辺《へん》が1cmの正方形の面積《めんせき》が$1cm^2$です。

● 3 4 長方形の面積《めんせき》＝たて×横
正方形の面積《めんせき》＝1辺《へん》×1辺《へん》

3 辺《へん》の長さがcmですから面積《めんせき》の単位《たんい》はcm^2です。

4 辺《へん》の長さがmですから面積《めんせき》の単位《たんい》はm^2です。

最終《さいしゅう》チェック16

❶ 次の面積《めんせき》を求《もと》めましょう。

①　たてが7cm，横が12cmの長方形

式　　答え(　　)

②　1辺《へん》が9mの正方形

式　　答え(　　)

算数 17 図形 面積《めんせき》(2)　42ページ

1 ①式　7×6＝42　答え　$42km^2$
②式　12×12＝144　答え　$144km^2$

2 ①10000　②(左から)100，100
③100
④(左から)1000000，100

3 式　54÷6＝9　答え　9cm

＼最終《さいしゅう》チェック12／

❶ 次の計算をしましょう。

① 3.9 × 7　② 15.6 × 5　③ 1.7 × 24

④ 0.48 × 3　⑤ 1.715 × 8　⑥ 0.292 × 75

算数 13 計算 小数のわり算　46ページ

1	①0.3　②2.1	6	①0.05　②0.09
2	①2.4　②4.3	7	①1.39　②2.43
3	①3.4　②1.8	8	①0.13　②0.24
4	①0.6　②0.7	9	①0.06　②0.07
5	①2.5　②0.75	10	①0.058　②0.004

ポイント

1 0.1がいくつになるかを考えます。
①は0.1が3，②は0.1が21になります。

● 2～5，7～10 小数を整数でわる筆算では，商の小数点をわられる数の小数点にそろえてうちます。あとの計算は，整数のわり算と同じです。

2 ①
```
   2.4
4)9.6
  8
  1 6
  1 6
    0
```

3 ①
```
      3.4
1 6)5 4.4
    4 8
      6 4
      6 4
        0
```

4 ①
```
   0.6
8)4.8
  4 8
    0
```

5 ①
```
    2.5
4)1 0.0
    8
    2 0
    2 0
      0
```

6 0.01がいくつになるかを考えます。

7 ①
```
   1.3 9
3)4.1 7
  3
  1 1
    9
    2 7
    2 7
      0
```

8 ①
```
      0.1 3
1 9)2.4 7
    1 9
      5 7
      5 7
        0
```

9 ①
```
      0.0 6
1 4)0.8 4
      8 4
        0
```

10 ②
```
      0.0 0 4
5 9)0.2 3 6
        2 3 6
            0
```

＼最終《さいしゅう》チェック13／

❶ 次の計算をしましょう。

① 8)36.8　② 14)9.8

③ 16)5.44　④ 83)0.498

算数 14 計算 分数のたし算・ひき算　45ページ

1	①$\frac{3}{5}$　②$\frac{5}{7}$	5	①$\frac{3}{7}$　②$\frac{5}{8}$
2	①$1\frac{1}{5}\left[\frac{6}{5}\right]$　②1　③$1\frac{2}{7}\left[\frac{9}{7}\right]$	6	①$\frac{5}{6}$　②$\frac{8}{9}$
3	①$1\frac{4}{5}\left[\frac{9}{5}\right]$　②$3\frac{4}{7}\left[\frac{25}{7}\right]$	7	①$1\frac{1}{5}\left[\frac{6}{5}\right]$　②$2\frac{2}{7}\left[\frac{16}{7}\right]$　③2
4	①$3\frac{2}{5}\left[\frac{17}{5}\right]$　②$4\frac{2}{9}\left[\frac{38}{9}\right]$　③6	8	①$1\frac{2}{3}\left[\frac{5}{3}\right]$　②$2\frac{5}{7}\left[\frac{19}{7}\right]$　③$2\frac{7}{9}\left[\frac{25}{9}\right]$

ポイント

● 1～8 分母が同じ分数のたし算やひき算は，分母はそのままで分子だけを計算します。

2 ① $\frac{4}{5}+\frac{2}{5}=\frac{6}{5}=1\frac{1}{5}$　② $\frac{3}{8}+\frac{5}{8}=\frac{8}{8}=1$

● 3 4，7 8 帯分数《たいぶんすう》のたし算やひき算は，整数部分どうし，分数部分どうしを計算します。

4 ① $1\frac{4}{5}+1\frac{3}{5}=2\frac{7}{5}=3\frac{2}{5}\left[\frac{17}{5}\right]$

最終《さいしゅう》チェック10

❶ 次の計算をしましょう。

① 46) 3 6 8　② 27) 4 0 5　③ 28) 8 9 9

最終《さいしゅう》チェック11

❶ 次の計算をしましょう。

① 1.3 2 ＋ 4.2 5　② 6.4 9 ＋ 2.5 1　③ 7 ＋ 8.3 2 4

④ 9.6 8 － 3.1 7　⑤ 5.4 5 － 0.2 8　⑥ 4 － 2.1 5 3

算数 11 計算 小数のたし算・ひき算 48ページ

1	①5.77 ②5.96	6	①4.21 ②8.41
2	①8.95 ②6.54	7	①4.39 ②9.15
3	①3.856 ②1.327	8	①1.516 ②2.68
4	①9.5 ②3.7	9	①1.82 ②0.633
5	①12.55 ②20.92	10	①3.25 ②4.791

ポイント

● 1 ～ 5 小数のたし算の筆算は，小数点の位《い》置《ち》をそろえて計算します。

1 ①
```
   2.5 6
 + 3.2 1
 -------
   5.7 7
```
㋐整数のたし算と同じように計算する。
㋑上の小数点にそろえて，答えの小数点をうつ。

2 3 くり上がりに注意しましょう。

4 答えが①9.50，②3.700となるときは，終わりの0は消して，①9.5，②3.7とします。

5 ①3は3.00，②14は14.00と考えます。

● 6 ～ 10 小数のひき算の筆算も，小数点の位《い》置《ち》をそろえて計算します。

7 8 くり下がりに注意しましょう。

9 ①
```
   3.4
 - 1.5 8
 -------
   1.8 2
```
←3.4は3.40と考える。

10 ①
```
   8
 - 4.7 5
 -------
   3.2 5
```
←8は8.00と考える。

算数 12 計算 小数のかけ算 47ページ

1	①2.1 ②6.8	6	①0.46 ②0.12
2	①19.2 ②88.2	7	①3.75 ②6.02
3	①7 ②220	8	①26.9 ②2.97
4	①33.8 ②43.2	9	①81.28 ②34.704
5	①91 ②270	10	①93.024 ②3.4

ポイント

1 0.1がいくつになるかを考えます。

● 2 ～ 5，7 ～ 10 小数に整数をかける筆算では，整数のかけ算と同じように計算して，かけられる数にそろえて，積《せき》の小数点をうちます。

2 ①
```
   4.8
 ×   4
 -----
  1 9.2
```

3 ①
```
   1.4
 ×   5
 -----
   7.0
```

4 ①
```
   2.6
 × 1 3
 -----
   7 8
  2 6
 -----
  3 3.8
```

5 ①
```
   3.5
 × 2 6
 -----
  2 1 0
  7 0
 -----
  9 1.0
```

6 0.01がいくつになるかを考えます。

7 ①
```
   1.2 5
 ×     3
 -------
   3.7 5
```

8 ①
```
   5.3 8
 ×     5
 -------
  2 6.9 0
```

9 ①
```
   2.5 4
 ×   3 2
 -------
   5 0 8
  7 6 2
 -------
  8 1.2 8
```

10 ②
```
   0.4 2 5
 ×       8
 ---------
   3.4 0 0
```

最終《さいしゅう》チェック8

❶ 次の計算をしましょう。

① 150÷3＝　　② 300÷6＝

③ 630÷70＝　　④ 520÷80＝

⑤ 4)68　　⑥ 6)75　　⑦ 3)91

最終《さいしゅう》チェック9

❶ 次の計算をしましょう。

① 3)468　　② 4)659　　③ 4)836

④ 7)334　　⑤ 4)361　　⑥ 9)456

算数 9 計算 わり算(2) 50ページ

1 ①314　②134

2 ①152あまり1　②172あまり4

3 ①230　②205

4 ①130あまり3　②308あまり2

5 ①93　②45

6 ①76あまり2　②34あまり1

7 ①70　②90

8 ①90あまり2　②60あまり4

ポイント

- 1 ～ 4 (3けた)÷(1けた)で，商が3けたになるわり算です。百の位《くらい》から計算します。

1 ②
```
     1 3 4
 4 ) 5 3 6
```
㋐百の位《くらい》…5÷4＝1あまり1
㋑十の位《くらい》…13÷4＝3あまり1
㋒一の位《くらい》…16÷4＝4

2 あまりに注意して計算しましょう。

3 4 商に0が入ります。わすれないようにしましょう。

- 5 ～ 8 商が2けたになるわり算です。百の位《くらい》には商がたちません。

5 ①
```
       9 3
 2 ) 1 8 6
```
㋐1は2でわれないので，十の位《くらい》を計算する。
18÷2＝9
㋑一の位《くらい》…6÷2＝3

6 あまりは，わる数より小さくします。

7 8 商に0が入ります。

算数 10 計算 わり算(3) 49ページ

1 ①4　②3

2 ①5あまり3　②3あまり2

3 ①5　②7

4 ①8あまり6　②6あまり26

5 ①24　②19

6 ①25あまり5　②19あまり18

7 ①40　②30

8 ①40あまり15　②20あまり11

9 ①2　②9

ポイント

- 1 2 (2けた)÷(2けた)で，商が1けたになるわり算です。

2 あまりは，わる数より小さくします。

①×
```
         4
 1 6 ) 8 3
       6 4
       1 9 ←16より大きい
```
○
```
         5
 1 6 ) 8 3
       8 0
         3 ←16より小さい
```

- 3 4 (3けた)÷(2けた)で，商が1けたになるわり算です。

3 ①
```
           5
 2 4 ) 1 2 0
       1 2 0
           0
```
㋐12は24でわれないので，商は一の位《くらい》にたつ。
㋑120÷24＝5

- 5 ～ 8 (3けた)÷(2けた)で，商が2けたになるわり算です。

5 ①
```
         2 4
 1 8 ) 4 3 2
       3 6
         7 2
         7 2
           0
```
6 ①
```
         2 5
 2 3 ) 5 8 0
       4 6
       1 2 0
       1 1 5
           5
```

9 ①は6÷3，②は72÷8と考えます。

算数 7 計算

かけ算

52ページ

1 ①253872　②731855

2 ①57622　②51220

3 ①76076　②104160

4 ①156672　②325624

5 ①392　②(順《じゅん》に)100，100

6 ①129400　②90000　③136500
④576000

7 ①864　②864

ポイント

● 1 ～ 4 数が大きくなっても，2けたのかけ算の筆算のしかたと同じです。

1 ①
$$\begin{array}{r} 516 \\ \times\, 492 \\ \hline 1032 \\ 4644 \\ 2064 \\ \hline 253872 \end{array}$$

2 ①
$$\begin{array}{r} 94 \\ \times\, 613 \\ \hline 282 \\ 94 \\ 564 \\ \hline 57622 \end{array}$$

3 ①
$$\begin{array}{r} 209 \\ \times\, 364 \\ \hline 836 \\ 1254 \\ 627 \\ \hline 76076 \end{array}$$

4 ①
$$\begin{array}{r} 512 \\ \times\, 306 \\ \hline 3072 \\ 1536 \\ \hline 156672 \end{array}$$

5 かけ算には，次のようなきまりがあります。
①　□×○＝○×□
②　□×(○×△)＝(□×○)×△

6 ①　647×200＝647×2×100＝129400

7 100×100＝一万，一万×一万＝一億《おく》です。

\ 最終《さいしゅう》チェック7 /

❶ 次の計算をしましょう。

①
$$\begin{array}{r} 315 \\ \times\, 276 \\ \hline \end{array}$$

②
$$\begin{array}{r} 604 \\ \times\, 508 \\ \hline \end{array}$$

❷ くふうして計算しましょう。

①　4900×20＝

②　750×160＝

算数 8 計算

わり算(1)

51ページ

1 ①20　②20

2 ①70　②40　③600　④900

3 ①4　②5

4 ①4あまり20　②8あまり20

5 ①17　②14あまり300

6 ①32　②18

7 ①15あまり1　②24あまり1

8 ①30　②30

9 ①20あまり2　②20あまり2

10 ①31あまり1(たしかめ)3×31＋1＝94
②15あまり3(たしかめ)4×15＋3＝63

ポイント

● 1 ～ 5 10や100をもとにして考えます。

1 ①　6÷3＝2→60÷3＝20

2 ①　14÷2＝7→140÷2＝70

3 ①　8÷2＝4→80÷20＝4，80÷20の答えは，8÷2の答えと同じになります。

4 ①　14÷3＝4あまり2→140÷30＝4あまり20
あまりは2ではなく，20であることに注意しましょう。

5 わる数の0とわられる数の0を同じ数だけ消して計算します。あまりは，消した0の数だけ0をつけたします。
②　8700÷600は，87÷6＝14あまり3だから，商は14，あまりは300です。

● 6 ～ 9 (2けた)÷(1けた)の計算です。
十の位《くらい》から計算します。

6 ①
$$\begin{array}{r} 3 \\ 3\,\big)\overline{96} \end{array}$$
↓
$$\begin{array}{r} 32 \\ 3\,\big)\overline{96} \end{array}$$

㋐十の位《くらい》…9÷3＝3，3を十の位《くらい》にたてる。

㋑一の位《くらい》…6÷3＝2，2を一の位《くらい》にたてる。

7 あまりは，わる数より小さくします。

8 9 商の一の位《くらい》は0になります。

10 (わる数)×(商)＋(あまり)＝(わられる数)の式にあてはめて，たしかめます。

算数 5　数　小数(2)　54ページ

❶ ①5.48　②3.74　③0.629

❷ (左から)①0.01，0.07，0.15，0.24
②0.001，0.008，0.016，0.025

❸ ①<　②>　③<

❹ ①1　②1

❺ ①3　②0.4　③50.81

❻ ①0.2　②0.078　③0.106

ポイント

❶② 3と0.7と0.04をあわせて，3.74
③ 0.6と0.02と0.009をあわせて，0.629

❷① 1目もりは，0.1を10等分した1つ分で，0.01です。
② 1目もりは，0.01を10等分した1つ分で，0.001です。

❸ 一の位《くらい》，$\frac{1}{10}$の位《くらい》，$\frac{1}{100}$の位《くらい》，$\frac{1}{1000}$の位《くらい》の順《じゅん》に数をくらべます。

❹～❻ 小数点は，数を10倍すると右へ1けた，$\frac{1}{10}$にすると左へ1けたうつります。

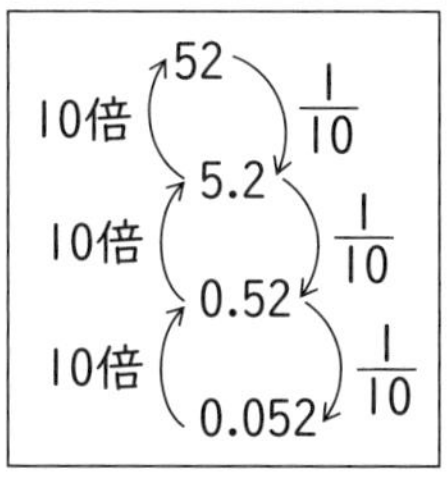

最終《さいしゅう》チェック5

❶ 1を4つ，0.1を8つ，0.001を3つあわせた数を書きましょう。
(　　　)

❷ 次の□にあてはまる不等号《ふとうごう》(>，<)を書きましょう。
①　0.21□0.19　②　4.135□4.137

❸ 次の数を10倍した数を書きましょう。
①　0.26 (　　　)　②　1.041 (　　　)

❹ 次の数を$\frac{1}{10}$にした数を書きましょう。
①　0.5 (　　　)　②　3.09 (　　　)

算数 6　数　分数　53ページ

❶ ①$\frac{1}{5}$　②$\frac{2}{7}$

❷ 真分数…$\frac{4}{5}$，$\frac{7}{12}$　仮分数《かぶんすう》…$\frac{9}{8}$，$\frac{12}{11}$
帯分数《たいぶんすう》…$1\frac{1}{3}$，$2\frac{4}{9}$

❸ ①$\frac{5}{9}$　②7　③8

❹ ①$2\frac{1}{4}$　②2　③$\frac{8}{3}$

❺ ①<　②<　③>

❻ ①3　②2

ポイント

❶② 1mを7等分した1つ分は$\frac{1}{7}$mです。
$\frac{1}{7}$mの2つ分は$\frac{2}{7}$mです。

❷ 分子が分母より小さい分数を真分数，分子が分母と等しいか，分母より大きい分数を仮分《かぶん》数《すう》といいます。整数と真分数で表された$1\frac{1}{3}$のような分数を帯分数《たいぶんすう》といいます。

❸③ $\frac{1}{8}$を8つ集めると，$\frac{8}{8}=1$になります。

❹① $\frac{8}{4}=2$ですから，$\frac{9}{4}=2\frac{1}{4}$です。
③ $2=\frac{6}{3}$ですから，$2\frac{2}{3}=\frac{8}{3}$です。

❺ 分母が同じ分数では，分子が大きいほうが大きい数です。③ $1\frac{2}{9}=\frac{11}{9}$

❻ 表し方がちがっても同じ大きさです。
①

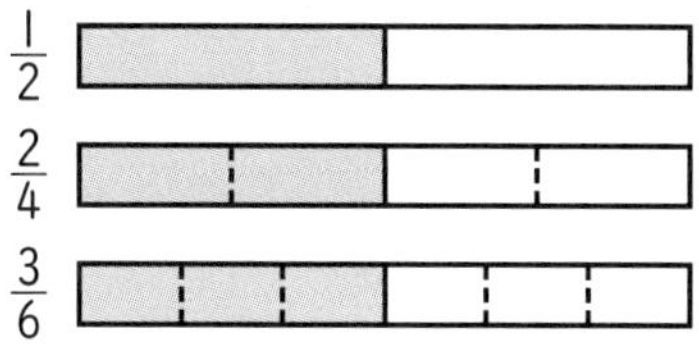

最終《さいしゅう》チェック6

❶ 仮分数《かぶんすう》は帯分数《たいぶんすう》に，帯分数《たいぶんすう》は仮分数《かぶんすう》になおしましょう。
①$\frac{10}{7}$ (　　　)　②$1\frac{4}{9}$ (　　　)

算数 **3** 数

がい数

56ページ

1 ①約《やく》4万人　②約《やく》5万人

2 ①3700　②7500

3 ①4300　②2000　③110000

4 ①37000　②62000　③810000

5 ①251，248，255　②263，260

6 ①2450(以上《いじょう》)2550(未満《みまん》)
②46500(以上《いじょう》)47500(未満《みまん》)

ポイント

1 ①　39560人は，3万人と4万人の間で4万人に近いので，約《やく》4万人とします。

2 四捨五入《ししゃごにゅう》は，数字が
{0，1，2，3，4のときは切り捨《す》てる。
{5，6，7，8，9のときは切り上げる。

3 求《もと》める位《くらい》の1つ下の位《くらい》の数を四捨五入《ししゃごにゅう》します。①は十の位《くらい》，②は百の位《くらい》，③は千の位《くらい》の数を四捨五入《ししゃごにゅう》します。

4 上から3けた目の数を四捨五入《ししゃごにゅう》します。上から3けた目の数は，①は0，②は5，③は6です。

5 「以上《いじょう》」，「以下《いか》」は，その数をふくみます。「未満《みまん》」はその数をふくみません。

6 ①　十の位《くらい》を四捨五入《ししゃごにゅう》して2500になるのは，次の数のはんいです。

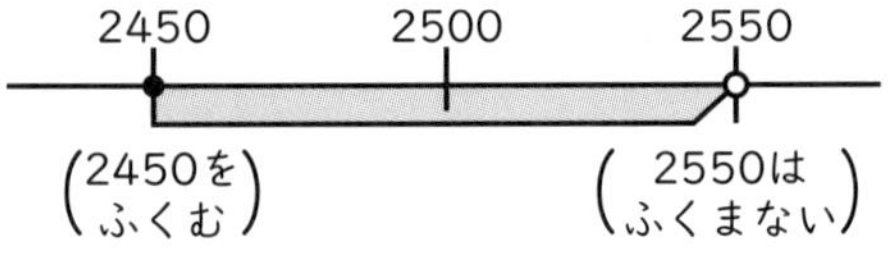

最終《さいしゅう》チェック3

1 次の数を四捨五入《ししゃごにゅう》して，〔　〕の中の位《くらい》までのがい数にしましょう。

①　34627〔千の位《くらい》〕　(　　　)

②　713590〔一万の位《くらい》〕　(　　　)

2 百の位《くらい》を四捨五入《ししゃごにゅう》して，14000になる数のはんいを書きましょう。

(　　　)以上《いじょう》(　　　)未満《みまん》

算数 **4** 数

小数(1)

55ページ

1 ①0.02　②0.07　③0.14

2 (順《じゅん》に)1，4，5

3 ①4つ　②10　③119

4 ①5つ　②10　③470

5 ①0.15　②1.45　③0.027
④0.368

ポイント

1 0.1Lを10等分した1つ分のかさを0.01Lといいます。
①　0.01Lの2つ分で，0.02Lです。
③　0.1Lと0.04Lで，0.14Lです。

2 小数の位《くらい》どりは，右のようになっています。$\frac{1}{10}$の位《くらい》，$\frac{1}{100}$の位《くらい》，$\frac{1}{1000}$の位《くらい》は，それぞれ小数第一位《い》，小数第二位《い》，小数第三位《い》ともいいます。

3	.	1	4	5
一の位《くらい》	小数点	$\frac{1}{10}$の位《くらい》	$\frac{1}{100}$の位《くらい》	$\frac{1}{1000}$の位《くらい》

3 ②　0.1は0.01を10集めた数です。

4 ③　0.47は0.001を470集めた数です。

5 ①　0.01を15集めた数は，0.15です。
②　0.01を145集めた数は，1.45です。
③　0.001を27集めた数は，0.027です。
④　0.001を368集めた数は，0.368です。

最終《さいしゅう》チェック4

1 次の数は，0.01をいくつ集めた数ですか。

①　0.02　(　　　)　②　0.46　(　　　)

③　3.07　(　　　)　④　5.9　(　　　)

2 次の数を書きましょう。

①　0.01を285集めた数　(　　　)

②　0.001を719集めた数　(　　　)

算数 1 数

大きな数(1)

58ページ

1 ①㋐1　㋑7　㋒2

②㋐十万の位《くらい》　㋑十億《おく》の位《くらい》　㋒十兆《ちょう》の位《くらい》

2 ①四十七億《おく》三千五百九十二万八千

②七百六十一兆《ちょう》二千五百八十九億《おく》四千三百万

3 ①30928500000　②5367249000000

4 ①300480000　②26730098000000

ポイント できなかったら，ここを読んで直そう！

1 千万の位《くらい》から左へ順《じゅん》に，一億《おく》の位《くらい》，十億《おく》の位《くらい》，百億《おく》の位《くらい》，千億《おく》の位《くらい》，一兆《ちょう》の位《くらい》，十兆《ちょう》の位《くらい》，百兆《ちょう》の位《くらい》，千兆《ちょう》の位《くらい》といいます。

千兆の位	百兆の位	十兆の位	一兆の位	千億の位	百億の位	十億の位	一億の位	千万の位	百万の位	十万の位	一万の位	千の位	百の位	十の位	一の位
		8	2	7	4	9	1	3	5	6	2	0	0	0	0

2 大きな数は，右から4けたごとに区切ると，読みやすくなります。

3 数字で書くとき，0に注意しましょう。

①　十億《おく》の位《くらい》と一万の位《くらい》から下の位《くらい》は0です。

4 ①　一億《おく》が3つで3億《おく》，一万が48で48万ですから，あわせて300480000です。

②　26兆《ちょう》7300億《おく》9800万です。

最終《さいしゅう》チェック1　ここで最後《さいご》のおさらい！

1 次の数を読んで，漢字で書きましょう。

65084920300000

(　　　　　　　　　　)

2 次の数を数字で書きましょう。

①　二兆《ちょう》七千三百億《おく》四千五十万

(　　　　　　　　　　)

②　一億《おく》を15，一万を672あわせた数

(　　　　　　　　　　)

答えは22ページ

算数 2 数

大きな数(2)

57ページ

1 ①750　②75

2 (左から)①1000万，7000万，1億《おく》5000万，1億《おく》9000万

②1000億《おく》，5000億《おく》，1兆《ちょう》2000億《おく》，1兆《ちょう》7000億《おく》

3 ①>　②<　③<　④>

4 ①10　②10

5 ①㋐700億《おく》　㋑40兆《ちょう》

②㋐60億《おく》　㋑5000億《おく》

ポイント

1 4けたごとに区切ると，読みやすくなります。

750 0000 0000なので，750億《おく》です。

①　750 00000000と考えることもできます。

　　　1 00000000

2 数直線の1目もりがいくつを表しているかに注意します。

①　1目もりは1000万を表しています。

②　1目もりは1000億《おく》を表しています。

3 ①，③　位《くらい》は同じなので，大きい位《くらい》の数からくらべていきます。

4 数は，位《くらい》が1つ上がるごとに，10倍になります。

5 数を10倍すると，位《くらい》が1けた上がります。

また，10でわると，位《くらい》が1けた下がります。

②㋑　一兆《ちょう》の1けた下の位《くらい》は千億《おく》です。

最終《さいしゅう》チェック2

1 □にあてはまる不等号《ふとうごう》(>，<)を書きましょう。

①　7400万□7040万

②　5680億《おく》□5860億《おく》

2 3000億《おく》を10倍した数と，10でわった数を書きましょう。

10倍した数(　　　　　　)

10でわった数(　　　　　　)

会話

道案内《みちあんない》

59ページ

① (1) エ　(2) ウ　(3) イ

② (1) Go straight.

(2) Turn left.

③ Turn right. Turn left.

読まれた英語《えいご》(やく)

① 例《れい》 Go straight. Turn left. Turn right.
(まっすぐ行ってください。左に曲がってください。右に曲がってください。)

(1) Go straight. Turn left. Turn left. Go straight.
(まっすぐ行ってください。左に曲がってください。左に曲がってください。まっすぐ行ってください。)

(2) Go straight. Turn left. Go straight.
(まっすぐ行ってください。左に曲がってください。まっすぐ行ってください。)

(3) Go straight. Turn right. Go straight.
(まっすぐ行ってください。右に曲がってください。まっすぐ行ってください。)

② (1) Go straight. (まっすぐ行ってください。)
(2) Turn left. (左に曲がってください。)

ポイント

① 「まっすぐ行ってください。」「左に曲がってください。」「右に曲がってください。」の3つの表現《ひょうげん》をしっかり聞きとりましょう。leftとrightはまちがえやすいので，まちがえないように気をつけましょう。

② アルファベットの書き方がわからなくなったら，2回を見直しましょう。

③ ゆう便局《びんきょく》に行くには，右に曲がったあと，左に曲がります。何度も言って，かくにんしましょう。

英《えい》語《ご》 3 アルファベット

アルファベットと英単語《えいたんご》① 62ページ

ポイント

1 アルファベットは，お手本を見ながら，線の長さや形に気をつけて書きましょう。

英《えい》語《ご》 4 アルファベット

アルファベットと英単語《えいたんご》② 61ページ

ポイント

1 アルファベットは，お手本を見ながら，線の長さや形に気をつけて書きましょう。

英《えい》語《ご》 5 会話

あなたは○○をしますか？ 60ページ

1 (1) × (2) ○ (3) ○

2 (1) Do you play soccer?

(2) Yes, I do.

読まれた英語《えいご》（やく）

1 例《れい》1 Do you play tennis? — Yes, I do.
（あなたはテニスをしますか？ — はい，します。）

例《れい》2 Do you play soccer? — No, I don't.
（あなたはサッカーをしますか？ — いいえ，しません。）

(1) Do you play baseball? — No, I don't.
（あなたは野球をしますか？ — いいえ，しません。）

(2) Do you play badminton? — Yes, I do.
（あなたはバドミントンをしますか？ — はい，します。）

(3) Do you play basketball? — Yes, I do.
（あなたはバスケットボールをしますか？ — はい，します。）

2 (1) Do you play soccer?
（あなたはサッカーをしますか？）

(2) Yes, I do. （はい，します。）

3 Do you play baseball? — Yes, I do. / No, I don't.
（あなたは野球をしますか？ — はい，します。/ いいえ，しません。）

Do you play baseball?
（あなたは野球をしますか？）

ポイント

1 (1)野球をしないと答えているので，絵と合いません。
(2)バドミントンをすると答えているので，絵と合います。
(3)バスケットボールをすると答えているので，絵と合います。

2 アルファベットの書き方がわからなくなったら，2回を見直しましょう。

3 「はい」と答えるときはYes, I do.「いいえ」と答えるときはNo, I don't.と言います。

←ていねいに引っぱってください。取りはずせます。

くもんの小学4年生の総復習ドリル

答えとポイント

＋

［最終《さいしゅう》チェック問題］

国語・算数

＋

［先取りドリル］

●算数…20～17ページ
●国語…14～16ページ

❶ **算数と国語は，答えが合っていたら，「できたシール」をはりましょう。**

答えが合っていたら，まるをつけ，問題のところに「できたシール」（小さいシール）をはりましょう。（シールだけはってもよいです。）

❷ **まちがえたら，ポイントを読んで，正しく直しましょう。**

まちがえたところは，ポイントをよく読んで，もう一度やってみましょう。
英語《えいご》は，読まれた英語《えいご》（やく）で音声の英文《えいぶん》とそのやくがわかります。
英文《えいぶん》の内ようをかくにんしましょう。
正しく直せたら「できたシール」をはりましょう。

❸ **全問正かいになったら，「合かくシール」をはりましょう。**

「できたシール」を全部はれたら，
ページの上に「合かくシール」（大きいシール）をはりましょう。
ページ全体に大きなまるをつけてから，シールをはってもよいです。

❹ **算数と国語は，最終《さいしゅう》チェックで最後《さいご》のおさらいをしましょう。**

まちがえたところや，自信のないところは，最終《さいしゅう》チェックの問題をといて，
最後《さいご》のおさらいをしましょう。答えは「答えとポイント」の最後《さいご》にあります。

英語《えいご》の注意点

● なぞり書きや書き写すところは，答えを省《しょう》りゃくしています。

算数の注意点

● 〔　〕は，ほかの答え方や，式のたて方です。

英語《えいご》	算数	国語	しあげテスト
40～38ページ	37～22ページ	1～12ページ	●算数…21ページ ●理科…21ページ ●社会…13ページ ●国語…13ページ
このページからはじまります。	37ページからはじまります。	反対側《がわ》からはじまります。	

英語 1 アルファベット　アルファベット　64ページ

②

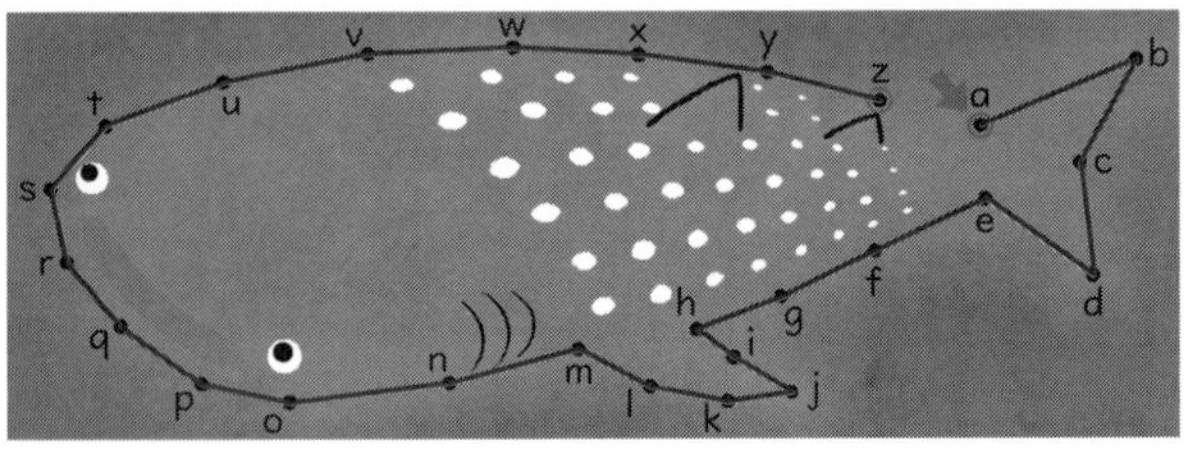

ポイント できなかったら，ここを読んで直そう！

② 順番《じゅんばん》がわからなくなったら，①の表を見てかくにんしましょう。

英語 2 アルファベット　アルファベットの書き　63ページ

②

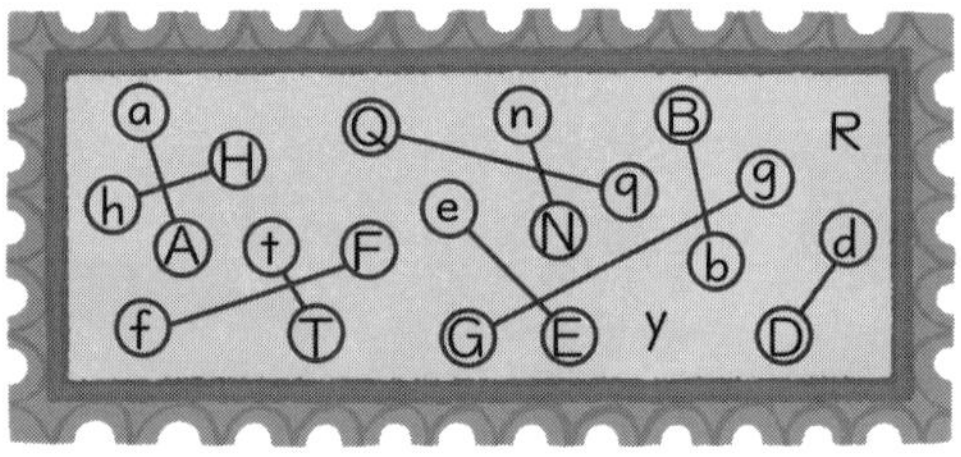

R

y

ポイント

② 大文字と小文字の組み合わせには，同じ形のものと，にた形のもの，まったくちがう形のものがあります。わからなくなったら，①を見直しましょう。Rとyがあまります。